個人事業主・
フリーランスの

国民年金
だけじゃ
足りない!

年金不安を
なくす本

社会保険労務士・ファイナンシャルプランナー
奥野文夫

自由国民社

序 個人事業主・フリーランスの年金や老後の不安・悩みとは?

● 個人事業主・フリーランスの抱える悩みとは?

「2015年版小規模企業白書」において、フリーランスが事業を営む上で抱える不安・悩みの第2位として、「社会保障(医療保険・年金等)」が挙げられていました。ちなみに、第1位は「収入の不安定さ」、第3位は「自分の健康や気力の持続」でした。

実際に、個人事業主・フリーランスの方々から、次のような不安・悩みの声を聞くことが多くなっています。

・年をとったときにもらえる年金が少ない
・病気やケガをして仕事ができなくなったら、暮らしていけない
・自分が亡くなった後、残された遺族のための保障が少ない
・国民年金保険料や国民健康保険料が高い

● 人生100年時代─老後資金2千万円不足問題が話題に

金融庁が2019年6月に公表した金融審議会「市場ワーキング・グループ」報告書を発端に、「老後資金2,000万円不足」問題が話題となりました。「2,000万円」という数字は、次の前提に基づいたものです。

・夫65歳、妻60歳で仕事に就いていない夫婦が、それぞれ95歳、90歳になるまで(30年間)生きる
・30年間にわたり、家計収支が毎月5.5万円の赤字

フリーランス形態で事業を営む中での不安や悩み（複数回答）

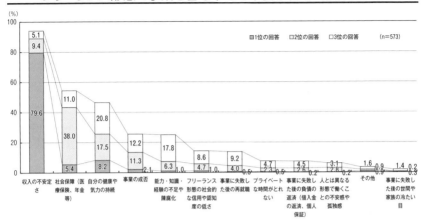

資料：中小企業庁委託「小規模事業者の事業活動の実態把握調査～フリーランス事業者調査編」（2015年2月、（株）日本アプライドリサーチ研究所）
　　　　　　　　　　　　　　　　　　　　　　　　　　　　出典：「小規模企業白書」（2015年版）

　毎月5.5万円赤字で30年生きるとすると、老後の家計収支の赤字合計額が約2,000万円になるという試算です。

　毎月5.5万円×12か月×30年＝1,980万円

　毎月5.5万円の赤字というのは、総務省の「家計調査」（2017年）の高齢夫婦無職世帯の家計収支の不足分54,519円に基づいたものです。

　ただ、この年の家計調査における高齢夫婦無職世帯の家計収支では、実収入209,198円のうち、約91.7％（191,880円）が社会保障給付となっていました。
　高齢夫婦無職世帯の中には、夫が長年会社員として勤務していたため、夫婦2人分の老齢基礎年金以外に、夫の老齢厚生年金もかなりもらえる夫婦も含まれています。
　ですから、社会保障給付の額が多くなっているわけです。

夫婦ともに会社員期間が短いかまったくない場合は、社会保障給付の額がもっと少なくなります

例えば、20歳から60歳になるまでの40年間国民年金保険料を払い続けた人が、65歳からもらえる老齢基礎年金の額は、1人あたり約78万円（月額約6.5万円）です。

したがって、個人事業主・フリーランス世帯では、老後の家計収支の赤字が毎月5.5万円を超えることが見込まれるケースもあるでしょう。

正確な知識を得て準備すれば不安・悩みは解決できる

もちろん、家計収支は一人ひとりの状況により異なります。

年齢、現時点での預貯金額、今後の事業計画、ライフプラン、ご自身や配偶者が何歳までどのような働き方をするのか、年金受給見込額などに応じて、今後の老後資金準備計画を検討すればよいことです。

・現状のままでは、年金などの給付がどのくらい足りないのか
　を確認した上で、
・足りないところを効率よく補うためにはどうしたらよいか
　について正確な知識を身に付けて準備しましょう。

そうすることで、年金や医療保険についての現在および将来の不安・悩みを解決できるようになります。

本書の構成

本書は、個人事業主・フリーランスの方がもらえる年金を増やす方法をお伝えする本です。

具体的には、

第1章では、個人事業のままで、将来もらえる老齢年金などの給付を増やす方法についてお伝えします。

第2章では、個人事業のままで、医療保険である健康保険の傷病手当金や出産手当金のほか、障害年金や遺族年金を増やす方法についても紹介します。

第3章では、個人事業のままで、現在払っている社会保険料負担を節約する方法や払えなくなったときの対処法についてお伝えします。

さらに第4章以降では、一部の事業を法人化して「個人事業＋ミニマム法人」という形で事業を行う方法をお伝えします。

ある程度売上・所得が上がっている個人事業主・フリーランスの方であれば、事業の全部を法人化（法人成り）して厚生年金に入ることで、より有利な年金・給付を受給できるようになります。売上・所得によっては節税対策にもなります。

しかし、法人化するには費用と手間がかかります。

また、法人化によって社会保険料が高くなり、メリットとデメリットが相殺されてしまうケースも少なくありません。

そこで、個人事業を残したまま「ミニマム法人」を設立して厚生年金に入ることによって、保険料も増えない上に、もらえる年金の種類や給付の額は増えるというメリットを手に入れることができます。

個人事業＋ミニマム法人

第4章と第5章で、その方法と効果について具体的に詳細を解説します。
　第6章では、ミニマム法人設立の費用や手間と注意すべき点について
お伝えします。
　最後の第7章では、個人事業主・フリーランスの方から実際によくあ
る質問への回答をお伝えします。

　今年はコロナウイルス感染症の影響で、多くの業種・業界が大変な苦
戦を強いられていることと思います。
　本書が、低年金に陥る方、社会保険料負担に悩む方を一人でも減らす
ことにつながれば幸いです。

　2020年10月

　　　　　　　　　　社会保険労務士・ファイナンシャルプランナー
　　　　　　　　　　　　　　　　　　　　　　　奥野　文夫

年金・社会保険の主な改正事項と施行スケジュール

　2020（令和2）年5月29日、社会経済構造の変化に対応し年金制度の機能強化を図るため、短時間労働者に対する厚生年金保険の適用拡大、老齢厚生年金への在職定時改定の導入および在職中の支給停止制度の見直し等を内容とする「年金制度の機能強化のための国民年金法等の一部を改正する法律」が成立し、同年6月5日に公布されました。

制度 （法律）	主な改正事項	施行期日	頁
国民年金 （国民年金法）	未婚のひとり親等を寡婦と同様に保険料の申請全額免除基準等に追加	2021（令和3）年 4月1日	29
	現在60歳から70歳の間となっている老齢基礎年金の受給開始時期の選択肢を、「60歳から75歳」の間に拡大	2022（令和4）年 4月1日	25
	繰上げ受給の1月あたりの減額率を、0.5%から「0.4%」に引き下げ		26
厚生年金 （厚生年金保険法）	現在「60歳から70歳の間」となっている老齢厚生年金の受給開始時期の選択肢を、「60歳から75歳」の間に拡大	2022（令和4）年 4月1日	96
	繰上げ受給の1月あたりの減額率を、0.5%から「0.4%」に引き下げ		96
	65歳までの在職老齢年金の基準額を「28万円」から「47万円」（2020年度）に引き上げ		164
	65歳以上の在職中の老齢厚生年金受給権者の年金額を毎年10月分から改定（「在職定時改定」）		96
	要件を満たす短時間労働者が加入対象となる事業所の従業員数を、「500人超」から「100人超」に引き下げ	2022（令和4）年 10月1日	167
	5人以上の個人事業所の適用業種に、弁護士、税理士等法律・会計業務を行う士業を追加		167
	要件を満たす短時間労働者が加入対象となる事業所の従業員数を、「50人超」に引き下げ	2024（令和6）年 10月1日	167

制度 (法律)	主な改正事項	施行期日	頁
健康保険 (健康保険法)	要件を満たす短時間労働者が加入対象となる事業所の従業員数を、「500人超」から「100人超」に引き下げ	2022(令和4)年 10月1日	167
	5人以上の個人事業所の適用業種に、弁護士、税理士等法律・会計業務を行う士業を追加		167
	要件を満たす短時間労働者が加入対象となる事業所の従業員数を、「50人超」に引き下げ	2024(令和6)年 10月1日	167
確定拠出 年金 (確定拠出年金法)	個人型確定拠出年金(iDeCo)の受給開始時期の選択範囲を、「60歳から70歳の間」から「60歳から75歳の間」に拡大	2022(令和4)年 4月1日	48
	企業型確定拠出年金の受給開始時期の選択範囲を、「60歳から70歳の間」から「60歳から75歳の間」に拡大		127
	個人型確定拠出年金(iDeCo)の加入可能年齢を「60歳未満」から「65歳未満」に引き上げ	2022(令和4)年 5月1日	48
	企業型確定拠出年金の加入可能年齢を「65歳未満」から「70歳未満」に引き上げ		127
	規約の定めなしに、企業型確定拠出年金加入者の個人型確定拠出年金(iDeCo)加入が可能に	2022(令和4)年 10月1日	129
	企業型確定拠出年金加入者が自分でも掛金を拠出する「マッチング拠出」と、個人型確定拠出年金(iDeCo)の選択が可能に		129
児童扶養 手当 (児童扶養手当法)	障害基礎年金との併給調整を見直し	2021(令和3)年 3月1日	57

巻頭　年金・社会保険の主な改正事項と施行スケジュール

Contents

序 個人事業主・フリーランスの年金や老後の不安・悩みとは? ····· 003

巻頭 年金・社会保険の主な改正事項と施行スケジュール ············· 008

第1章 個人事業のまま 老齢年金給付を増やす方法

01　1階部分の国民年金には現役世代全員が加入
　　日本の年金制度のしくみはこうなっている ················· 016

02　個人事業主・フリーランスの年金のおさらい
　　老齢基礎年金のしくみと年金額算定の基本 ················· 018

03　老齢基礎年金増額のための大前提
　　国民年金保険料は必ず納付する ························· 022

04　デメリットが多い繰上げ受給は原則控える
　　繰下げ受給で年金額が増える ··························· 025

05　面倒がらず将来のためしっかり手続きをする
　　国民年金保険料の未納を放置せず免除などを受ける ····· 028

06　可能な限り追納すれば後悔せずに済む
　　免除等期間中の保険料を追納する ····················· 032

07　任意加入で保険料納付済期間を伸長
　　60歳以降も国民年金に任意加入する ·················· 034

08　月額400円で老齢基礎年金に一生涯上乗せ
　　付加保険料を払って65歳から付加年金をもらう ·········· 036

09　要10年以上の受給資格期間判定に算入できる期間
　　受給資格期間に満たない時は
　　カラ期間を確認 ····································· 038

第1号被保険者のための公的な上乗せ年金や退職金積立制度
10 国民年金基金や小規模企業共済で
老後資金を上乗せする ……………………………………… 041

掛金が所得控除・運用益が非課税になる有利な私的年金
11 個人型確定拠出年金（iDeCo）で
年金に上乗せする ……………………………………… 046

少額からできる長期・積立・分散型の非課税投資制度
12 つみたてNISAで老後資金を積立投資する ……………… 050

第2章 個人事業のまま傷病手当金や障害・遺族年金を増やす方法

個人事業主・フリーランスの所得補償
01 傷病や出産で働けないときに備える ……………………… 054

保険料未納期間に注意
02 障害基礎年金を増やす方法 ………………………………… 056

保険料未納期間に注意
03 遺族基礎年金を増やす方法 ………………………………… 059

配偶者への遺族基礎年金は子がいる場合のみ
04 寡婦年金や遺族一時金がもらえる場合 …………………… 062

年金を含めた所得が少ない人への給付金もある
05 年金生活者支援給付金制度（老齢・障害・遺族）……… 065

第3章 個人事業のまま保険料を節約する方法

国民年金保険料は20歳以上60歳未満の人についてかかる
01 国民年金保険料を節約する方法 …………………………… 068

Column 国民年金保険料未納のままにすべきでない理由（まとめ）… 072

国民健康保険料は世帯単位でかかる
02 国民健康保険料を節約する方法 …………………………… 073

第4章 個人事業＋ミニマム法人とは どんな方法か？

01 小さな法人を作り法人から給与を受ける
個人事業＋ミニマム法人とはどんなものか？ ················· 078

02 法人での厚生年金・健康保険加入に変わる
個人事業＋ミニマム法人だと
年金・社会保険はどうなるか？ ································ 081

03 個人事業とは別業種の事業を行う
個人事業＋ミニマム法人はどんな形があるか？ ············ 083

第5章 個人事業＋ミニマム法人にする メリットとは？

01 老齢基礎年金に老齢厚生年金を上乗せ
65歳からの老齢年金の額を増やすことができる ·········· 086
　　Column 厚生年金には定額給付がこれだけある ················· 097

02 病気やけがなどで働けなくなったときの所得補償
傷病手当金や障害手当金などが充実する ················· 098

03 遺族厚生年金は遺族基礎年金と別条件で支給
亡くなったときの遺族年金も増える ·························· 106
　　Column 高額療養費の自己負担限度額について ················· 111

04 法人との折半もトータルで負担軽減になる
医療保険・年金の保険料負担額が減る ···················· 112

05 節税や退職金・老後資金積立に利用できる制度
経営セーフティー共済の積立制度を活用できる ··········· 122

06 企業型DCのメリットを利用する
企業型確定拠出年金を使えるようになる ·················· 126

07 〔参考〕その他知っておきたいこと
公的年金等控除・国民年金基金・小規模企業共済 ······· 130

第6章 ミニマム法人設立の費用や手間と注意すべき点

01 法人設立後も税務や社会保険などの届出が必要
ミニマム法人設立に必要な費用はどれくらいか? ………… 136

02 電子申請の整備などで以前より簡単になった
法人設立や社会保険の手続きにかかる手間は? ………… 139

03 役員給与を増やすと社会保険料が高くなる
役員給与と社会保険料の関係を知っておく ………… 142

04 一人株式会社・一人合同会社も珍しくない
従業員を雇うと社会保険料負担額が増える ………… 146

05 新型コロナウイルスの影響による減収への支援策
健康保険料・厚生年金保険料等の納付猶予の特例 ……… 147

第7章 よくある質問Q&A

Q01 これまで納めた国民年金保険料は無駄になるのか? ……………… 152

Q02 ミニマム法人で働く時間が短い場合も厚生年金に入れるか? ……… 154

Q03 健康保険と厚生年金で報酬月額を変えて入れるか? ……………… 156

Q04 ミニマム法人で社会保険料が減ったとして税金はどうなるか? ……… 157

Q05 ミニマム法人の売上・粗利益が増えるとどうなるか? …………… 160

Q06 法人から役員給与を受けても国民年金に入り続けられるか? …… 162

Q07 個人事業を法人化すると受給中の老齢厚生年金はどうなるか? … 163

Q08 個人事業でも健康保険等が強制適用になるのは
どんな場合か? …………………………………………… 165

Q09 健康保険や厚生年金の適用囲を広げる法改正とは何か? ……… 167

Q10 健康保険・厚生年金任意適用の個人事業を
法人化する際の注意点は? ……………………………… 169

Q 11 従業員5人で個人事業の場合 業種と法人化で
厚生年金等の加入人数はどう変化するか? ………………… 171

Q 12 健康保険か厚生年金の片方だけに入れるケースはあるか? ……… 173

Q 13 健康保険は全国健康保険協会 (協会けんぽ) にしか
入れないのか? ………………………………………… 174

Q 14 親族や友人が代表者の法人で健康保険・厚生年金に
入れるか? ……………………………………………… 175

Q 15 友人とミニマム法人を設立し
各人が代表者・役員となっても問題ないか? ………………… 176

Q 16 法人や事業を購入し代表・役員になって厚生年金に入りたい …… 177

Q 17 短時間労働者のままで厚生年金に入るにも
「個人事業+ミニマム法人」とする必要があるか? ……………… 178

Q 18 ミニマム法人を設立したときの
年金・医療保険の手続きはどうなるか? ……………………… 179

Q 19 法人の設立月は国民年金と厚生年金の
保険料が両方かかるのか? ……………………………… 182

Q 20 ねんきん定期便に書かれた年金見込額があまりに少ないが? …… 184

Q 21 年金見込額が1年たっても増えないのはどうしてか? …………… 185

Q 22 ねんきん定期便をなくした場合はどうすればよいか? …………… 186

Q 23 会社を退職後に「個人事業+ミニマム法人」で
起業を考えているが? ……………………………………… 187

Q 24 年金について電話相談できるところはあるか? …………………… 188

Q 25 国民年金・厚生年金について知りたいことが探せる
ウェブサイトはあるか? …………………………………… 190

個人事業のまま
老齢年金給付を
増やす方法

日本の年金制度のしくみは こうなっている

国民皆年金制度

日本の年金制度は現在、右図のような構造になっています。

現役世代はすべて**国民年金保険**の被保険者となり、高齢期となれば、**基礎年金**の給付を受けます（**1階部分**）。

民間サラリーマンや公務員等は、これに加えて**厚生年金保険**に加入し、基礎年金の上乗せとして報酬比例年金等の給付を受けます（**2階部分**）。

また、希望する人は、**iDeCo（個人型確定拠出年金）**等の私的年金に任意で加入し、さらに上乗せの給付を受けることができます（**3階部分**）。

個人事業主・フリーランスの皆さんも、20歳以上60歳未満であれば国民年金の被保険者となり、65歳から基礎年金の給付を受けます。

民間サラリーマンや公務員等として厚生年金保険（または共済組合等）に加入したことがない人は、報酬比例年金等の給付を受けることはできません。

そこで、基礎年金の上乗せとして任意で加入する国民年金基金制度が用意されています。iDeCo（個人型確定拠出年金）に任意で加入することもできます。

そのほか、本書の第4章以降で解説する「個人事業＋ミニマム法人」化によって法人代表者等として厚生年金保険に加入する場合も、基礎年金だけでなく報酬比例年金等の給付を受けることができるようになります（希望により3階部分の加入もできます）。

年金制度のしくみ

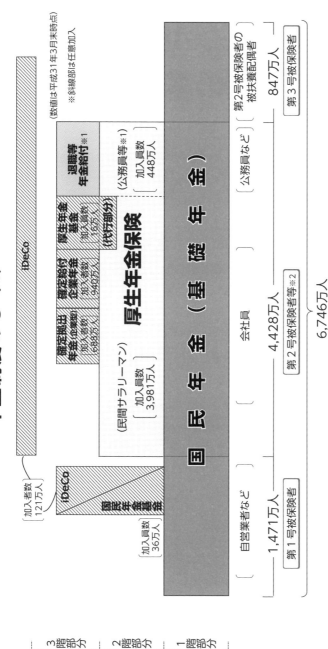

(数値は平成31年3月末時点)
※斜線部は任意加入

※1 被用者年金制度の一元化に伴い、平成27年10月1日から公務員および私学教職員も厚生年金に加入。また、共済年金の職域加算部分は廃止され、新たに退職等年金給付が創設。
ただし、平成27年9月30日までの共済年金に加入していた期間分については、平成27年10月以後においても、加入期間に応じた職域加算部分を支給。
※2 第2号被保険者等とは、厚生年金被保険者のことをいう(第2号被保険者のほか、65歳以上で老齢、または、退職を支給事由とする年金給付の受給権を有する者を含む)。

出典：厚生労働省 ホームページ

老齢基礎年金のしくみと年金額算定の基本

65歳からもらえる老齢基礎年金

　国民年金や厚生年金に合計10年以上加入すると、老後の保障として老齢基礎年金を65歳から一生涯もらえます。

　日本国内に住んでいる「20歳以上60歳未満」の自営業・フリーランスの皆さんや学生・無職の人、会社勤めをしているものの厚生年金に入る要件を満たさない非正規雇用の人などは、「第1号被保険者」として国民年金に加入します。

　「厚生年金」とは、会社員や公務員が入る年金です。会社員や公務員で一定の要件を満たす人は、「20歳以上60歳未満」の人だけでなく、20歳未満の人も60歳以上70歳未満の人も厚生年金に入ります。

　厚生年金に入っている人のうち65歳未満の人は、「第2号被保険者」として自動的に国民年金にも入ることになります。

　第2号被保険者の被扶養配偶者（健康保険の被扶養者となれる配偶者）のうち20歳以上60歳未満の人は、「第3号被保険者」として国民年金に入ることになります。

国民年金保険料未納期間を除き計10年以上必要

　老齢基礎年金は、国民年金や厚生年金に合計「10年以上」入った人しかもらえません。

　自営業・フリーランスの皆さんが合計「10年以上」を満たすには、次の①②のいずれであってもかまいません。ただし、いずれも**国民年金保**

①国民年金の加入期間だけで10年以上

例1 高校卒業後フリーターや自営業・フリーランスとして働き、20歳から国民年金に10年以上入った

例2 大学時代に20歳から2年間国民年金に入り、卒業後フリーターや自営業・フリーランスとして働き8年以上国民年金に入った

②国民年金と厚生年金の加入期間を足して10年以上

例1 高校卒業後会社員として厚生年金に3年入った。後に脱サラをし、自営業・フリーランスとして国民年金に7年以上入った

例2 大学時代に20歳から2年間国民年金に入り、卒業後会社員として厚生年金に5年入った後に脱サラをし、自営業・フリーランスとして国民年金に3年以上入った

険料の未納期間を除いて「10年以上」あることが必要です。

　国民年金保険料の未納期間を除いて、国民年金または厚生年金に入った期間（公務員の共済組合加入期間や私立学校教職員の共済加入期間も含む）が合計「10年以上」あれば、老齢基礎年金の「受給資格期間」を満たしていることになります。

老齢基礎年金はいくらもらえるのか?

　20歳以上60歳未満の40年間（480か月）にわたって、1か月の切れ目もなく国民年金または厚生年金に加入して保険料を納めると、**65歳から満額の老齢基礎年金を一生涯**にわたってもらえます。

　満額の老齢基礎年金は、**2020年度現在781,700円**です（年金額は、賃金・物価の変動に応じて毎年度変動する可能性があります）。

　もらえる老齢基礎年金がいくらかは、20歳以上60歳未満の40年間（480か月）のうち、国民年金または厚生年金に入って保険料を納めた期間の月数に応じて決まるのが原則です。

　したがって、国民年金または厚生年金に入って保険料を納めた期間の

月数が多いほど、もらえる老齢基礎年金の額は大きくなります。

老齢基礎年金額の計算式

| 老齢基礎年金額 | = | 満額の老齢基礎年金(2020年度は781,700円) | × | 40年間(480か月)のうち、国民年金または厚生年金(共済組合等も含む)に加入し保険料を納付した月数 | / | 480か月 |

例1 保険料納付済期間が30年(360か月)、未納期間が10年(120か月)なら**老齢基礎年金額=781,700円×360か月／480か月=586,275円**

例2 保険料納付済期間が20年(240か月)、未納期間が20年(240か月)なら**老齢基礎年金額=781,700円×240か月／480か月=390,850円**

例3 保険料納付済期間が10年(120か月)、未納期間が30年(360か月)なら**老齢基礎年金額=781,700円×120か月／480か月=195,425円**

保険料納付済期間にカウントされる特例

次の(1)(2)の期間は、国民年金保険料を納めなくてよい期間です。

納めるべき保険料が未納となっている期間ではありませんので、老齢基礎年金の受給資格期間(10年以上)を満たしているかどうかをみる際には、これらの期間も含めて判断されます。

そして、もらえる老齢基礎年金の額を計算する際にも、これらの期間は、**国民年金保険料を納めた期間としてカウント**されます。

したがって、これらの期間は、将来もらえる老齢基礎年金の額に反映されます。

(1)産前産後期間

国民年金の第1号被保険者が出産^(注)するときは、届出により、出産前後の下記の期間の国民年金保険料が免除されます。

- 出産予定月(または出産月)の前月から4か月間
- 多胎妊娠(双子等)の場合は、出産予定月(または出産月)の3か月前から6か月間

　届出は、出産予定日の6か月前からできます。届出先は、お住いの市区役所・町村役場の国民年金担当窓口です。この**産前産後期間の国民年金保険料免除制度**は、2019年4月1日から始まりました。

（2）第3号被保険者期間

　国民年金の第3号被保険者期間は国民年金保険料がかかりませんが、その期間の月数は、将来もらえる老齢基礎年金の額に反映されます。

　国民年金の第3号被保険者とは、厚生年金^(注)に入っている65歳未満の人（国民年金の第2号被保険者）の被扶養配偶者（健康保険の被扶養者となれる配偶者）で、20歳以上60歳未満の人です。

　男性でも女性でも、要件を満たせば第3号被保険者になれます。

注）1986年4月1日から2015年9月30日までの共済年金を含みます。

　なお、国民年金から全国民共通の基礎年金が支給されることとなり、国民年金被保険者の種別（第1号被保険者、第2号被保険者、第3号被保険者）ができたのは、1986年4月1日からです。

　したがって、厚生年金や共済年金に入っている人の配偶者であって20歳以上60歳未満であった期間でも、1986年3月31日以前の期間は第3号被保険者期間ではありません。

　1986年3月31日までは、厚生年金や船員保険、共済年金の加入者の配偶者は、国民年金の加入は任意でした。当時任意加入して国民年金保険料を納めていたのであれば、その期間は老齢基礎年金額に反映されます。

　当時任意加入していなかった場合や任意加入したものの国民年金保険料未納の期間は、老齢基礎年金額には反映されません。

　ただし、「**カラ期間（38ページ）**」として、老齢基礎年金の受給資格期間（10年以上）を満たしているかどうかを判定する際にはカウントされます。

国民年金保険料は
必ず納付する

人生100年時代──老後生活の基盤となる終身年金

　個人事業のまま老後の年金を増やすには、今後**59歳11か月目分まで
の国民年金保険料を一月も切れ目なくきちんと納める**ことが最も重要で
す。老齢基礎年金は満額でも年額約78万円（月額約6.5万円）ですから、
少ないと感じるかもしれません。しかし、**老齢基礎年金は一生涯もらえ
る終身年金**です。

　60歳になるまでの保険料を切れ目なく納めて老齢基礎年金を満額に
近づけておいた上で、なるべく長生きすることで、もらえる年金の総額
が大きくなります。

　医療の発達などにより、今後は人生100年時代を迎えるともいわれて
います。2020年7月31日に公表された「**令和元年簡易生命表の概況**」に
よると、現在65歳（老齢基礎年金をもらい始める年齢）の人の平均余命
は、男性で約20年、女性で約25年です。

　例えば90歳まで生きたとすると、年金保険料を何年納めたかによって、
生涯でもらえる老齢基礎年金の総額は大きく変わります。

　2020年度現在、**満額の老齢基礎年金は781,700円**ですが、ざっくり
と約80万円として試算してみましょう（次ページの例1・例2）。

　20歳以上60歳未満の個人事業主・フリーランスが国民年金に加入し
ながら老後の保障を増やすには、60歳になるまでの国民年金保険料をな
るべく一月ももらさずに納めることをまずは目指しましょう。

例1 20歳〜60歳到達までの40年間切れ目なく保険料を納めると、
65歳から約80万円の老齢基礎年金を一生涯もらえます。
90歳時点の受取総額は、約2,000万円（約80万円×25年）

例2 40年間のうち10年間だけ保険料を納め、30年間未納だった人は、
65歳から約20万円の年金を一生涯もらえます。
90歳時点の受取総額は、約500万円（約20万円×25年）

老齢基礎年金は10年もらえば元が取れる

国民年金保険料は2020年度現在、月額16,540円です。

国民年金保険料は毎年度改定されますが、約17,000円を20歳以上60歳未満の40年（480か月）毎月納めるとすると、支払う国民年金保険料総額は**約816万円**となります（約17,000円×480か月＝約816万円）。

- 40年間の国民年金保険料の総額　約800万円
- 65歳から老齢基礎年金の額　約80万円

としてざっくり試算すると、**65歳から10年間老齢基礎年金をもらったら、元が取れます**。75歳よりも長生きをすると、支払保険料総額を上回る年金をもらえます。

先ほど触れた通り、現在65歳の人の平均余命は男性で約20年、女性で約25年ですから、多くの人が払った保険料総額を上回る老齢基礎年金をもらえることになります。

基礎年金の半分は税金で賄われている

このような有利な年金を年金保険料のみによって賄うことはできず、2009年4月以降、**基礎年金の財源の半分は税金**で賄われています。老後

の生活を支える基盤となる年金を確実に支給するために、国が半分税金を投入して基礎年金は運営されているのです。

それなのに、納めるべき国民年金保険料を納めずに、**将来もらえる基礎年金の額を自分から減らしてしまうのはもったいない**ことです。

国民年金保険料を40年間払うとざっくり約80万円の老齢基礎年金をもらえるわけですから、**保険料を1年払うごとに65歳からもらえる老齢基礎年金が毎年約2万円一生涯にわたって増えます。**

過去2年以内分の未納保険料も払っておく

過去2年以内（時効の範囲内。正確には、2年1か月前の月分以降）分であれば、未納の国民年金保険料をこれから納めることができます（過去2年を超えた分は時効にかかり、もう納められません）。

余裕があれば払っておくとよいでしょう。

未納のまま放っておかずに納付しておけば、**国民年金保険料を払った期間の月数が増えたのに応じて、もらえる老齢基礎年金の額が増えます。**

未納期間を2年減らすと、65歳からもらえる老齢基礎年金が毎年約4万円一生涯にわたって増えます。

なお、1年間に支払った国民年金保険料は、過去2年以内分のものも含め全額が「社会保険料控除」の対象となります。

つまり、支払った保険料分だけその年の所得から控除できます。したがって、（課税所得がある人の場合は）納めるべき所得税や住民税の税額を下げる効果があります。

例えば、所得税率が住民税率と同じ10％の人なら、確定申告により節税となる額は、「その年に支払った国民年金保険料×20％（所得税率10％＋住民税率10％）」となります（2037年までは復興特別所得税（基準所得税額×2.1％）も安くなります）。

社会保険料控除は、本人分だけでなく**生計を一にする配偶者や親族の分の保険料を払った場合も対象**となります。

繰下げ受給で
年金額が増える

老齢基礎年金を65歳以降からもらう「繰下げ」

年金の受給開始は65歳からですが、**66歳以降70歳までの希望する月までもらい始めるのを遅らせることもできます**（繰下げ受給）。

1か月繰り下げると年金額が0.7％、一生涯にわたって増えます。70歳まで（60か月）繰り下げると、65歳からもらい始めるよりも年金額が1.42倍に増えます。

繰下げ増額率＝繰下げ月数60か月×0.7％＝42％

65歳から満額の老齢基礎年金約78万円をもらえる人が70歳まで繰り下げると、70歳からもらえる老齢基礎年金額は約111万円となります。

何歳まで繰下げしたとしても、**受け取り始めてから11年11か月以上生きて年金をもらい続けると、原則通り65歳からもらうよりも繰り下げた方が一生涯でもらえる年金総額が多くなります。**

ただ、何歳まで生きられるかはわかりませんので、繰下げの損得は前もってはわかりません。

なお、66歳までに遺族年金など「他の年金」をもらえるようになったときは、繰下げできません。

最高75歳までの繰下げもできるようになる

2020年度現在、繰下げは最高70歳までしかできません。しかし、2020年の年金法改正により、**2022年度からは最高75歳まで繰り下げること**

も可能になります（2022年4月1日以降に70歳になる人が対象です）。75歳まで（120か月）繰り下げると、65歳からもらい始めるよりも年金額が**1.84倍**に増えます。

繰下げ増額率＝繰下げ月数120か月×0.7％＝84％

繰上げ受給すると年金額が減る

　老齢基礎年金は、希望により65歳よりも早くもらい始めることもできます（繰上げ）。

　1か月繰り上げると年金額が0.5％、一生涯にわたって減ります。60か月繰り上げて60歳からもらい始めると、65歳からもらい始める場合に比べて年金額が30％減ります。

繰上げ減額率＝繰上げ月数60か月×0.5％＝30％

　繰上げ時点から16年8か月以上生きると、繰上げしないで65歳からもらう方が一生涯でもらえる年金総額は多くなります。

繰上げ減額率が引き下げられる（2022年度施行）

　繰上げは、**2022年度からは1か月繰り上げると年金額が0.4％、一生涯にわたって減るという制度**になる予定です。これは2022年4月1日以降に60歳になる人が対象です。繰上げ時点から20年10か月以上生きると、繰上げしないで65歳からもらう方が、一生涯でもらえる年金総額が多くなることになります。

　もらえる年金額が一生涯にわたって少なくなる以外にも、繰上げには次のようなデメリットがあります。

受給開始時期（繰上げ・繰下げ受給制度）の選択肢の拡大

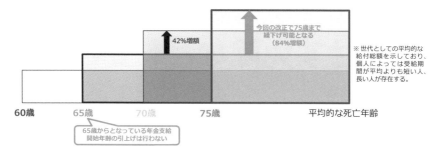

42%増額

今回の改正で75歳まで
繰下げ可能となる
（84%増額）

※世代としての平均的な
給付総額を示しており、
個人によっては受給期
間が平均よりも短い人、
長い人が存在する。

60歳　　　65歳　　　70歳　　　75歳　　　　　　平均的な死亡年齢

65歳からとなっている年金支給
開始年齢の引上げは行わない

（参考）繰上げ・繰下げによる減額・増額率

減額率・増額率は請求時点（月単位）に応じて計算される。

・繰上げ減額率＝0.5％※×繰り上げた月数（60歳～64歳）
※繰上げ減額率は令和4年4月1日以降、60歳に到達する方を対象として、1月あたり0.4％に改正予定。

・繰下げ増額率＝0.7％×繰り下げた月数（66歳～75歳）

請求時の年齢	60歳	61歳	62歳	63歳	64歳	65歳	66歳	67歳	68歳	69歳	70歳
減額・増額率 （改正後）	70% (76%)	76% (80.8%)	82% (85.6%)	88% (90.4%)	94% (95.2%)	100%	108.4%	116.8%	125.2%	133.6%	142%

71歳	72歳	73歳	74歳	75歳
150.4%	158.8%	167.2%	175.6%	184%

出典：「年金制度の機能強化のための国民年金法等の一部を改正する法律の概要」厚生労働省

- いったん繰上げを選択すると、後で取り消すことはできない
- 国民年金に任意加入できなくなる
- 免除などを受けていた期間分の保険料を追納できなくなる
- 病気やケガによる障害の程度が悪化するなどしても、障害基礎年金をもらえなくなる　など

繰上げは最後の手段と考え、なるべくしない方がよいでしょう。どうしても繰り上げたい場合は、年金事務所で相談しましょう。

第1章　個人事業のまま老齢年金給付を増やす方法

国民年金保険料の未納を
放置せず免除などを受ける

保険料免除などの制度の概要

　40年間のうちには、国民年金保険料の納付が経済的に難しいときもあるかもしれません。そのような時のために、申請すれば払わなくてもよいことにしてくれる次の3つの制度が準備されています。

（1）全額免除・一部免除制度

　本人・世帯主・配偶者の前年所得（1月から6月までに申請する際は前々年の所得）が一定額以下の場合には、**申請により保険料が全額または一部免除**となります。一部免除制度には、次の3つがあります。

- 4分の3免除（4分の1に減額された保険料を納付）
- 半額免除（半額に減額された保険料を納付）
- 4分の1免除（4分の3に減額された保険料を納付）

（2）納付猶予制度

　50歳未満の人（学生以外の人）で、本人・配偶者の前年所得（1月から6月までに申請する際は前々年の所得）が一定額以下の場合には、**申請により保険料の納付が猶予**されます（2030年6月までの特例措置）。

（3）学生納付特例制度

　学生で、本人の前年所得（1月から3月までに申請する際は前々年の所得）が一定額以下の場合には、**申請により保険料の納付が猶予**されます。

これらのほか、障害基礎年金を受給している場合や生活保護の生活扶助を受けている場合などに、届出により保険料の全額が免除される「**法定免除制度**」もあります。

免除などが認められる所得基準は？

　免除などが認められる所得基準は、以下の通りです（以下の数字は所得基準であって、年収基準ではないことに注意しましょう）。

（1）全額免除・一部免除
- 全額免除：（扶養親族等の数＋1）×35万円＋22万円
- 4分の3免除：78万円＋扶養親族等控除額＋社会保険料控除額等
- 半額免除：118万円＋扶養親族等控除額＋社会保険料控除額等
- 4分の1免除：158万円＋扶養親族等控除額＋社会保険料控除額等

（2）納付猶予制度
（扶養親族等の数＋1）×35万円＋22万円

（3）学生納付特例制度
118万円＋扶養親族等の数×38万円＋社会保険料控除等

　その他、次のような場合も免除などの対象となります。
- 生活保護法の生活扶助以外の扶助を受けているとき
- 地方税法に定める障害者または寡婦で、前年の所得が125万円以下（2021年4月からは、未婚のひとり親や寡夫も寡婦と同様に対象に追加され、所得基準が135万円となります。）
- 天災、失業など保険料を納めることが著しく困難な事由があるとき

免除期間は年金の受給資格期間に含まれる

　国民年金保険料の免除などを受けた期間は、**保険料未納期間としては取り扱われないため、老齢基礎年金の受給資格期間（10年以上）に算入**されます。

　免除などを受けなかったため保険料未納期間が長くなり、老齢基礎年金の受給資格期間（10年以上）を満たしていないと、老齢基礎年金を1円も受給できなくなってしまいます。保険料納付が経済的に難しいときは、確実に免除などを受けておくことが大事です。

　上記（1）～（3）とも、過去2年分（申請月の2年1か月前の月分）までさかのぼって申請することができます。

免除は老齢基礎年金額に一部反映される

　基礎年金の半分は、国の負担（税金）で賄われています。ですから、国**民年金保険料の免除を受けた月についても、将来もらえる老齢基礎年金額に一部（国の負担分だけ）反映されます。**

　例 20歳以上60歳未満の40年（480か月）にわたって、ずっと全額免除（または法定免除）を受けるとどうなるか？

　全額免除（または法定免除）を受けた期間がすべて2009年4月以降なら、480か月とも1/2だけ老齢基礎年金額に反映されます。

　国民年金保険料を一月も納めたことがなくても、国が必要な費用の半分を負担してくれるため、**約39万円の年金**（満額の老齢基礎年金約78万円×1/2）を一生涯もらえます。

　全額免除（または法定免除）を受けた期間のうち2009年3月以前の月については、1/3だけ老齢基礎年金額に反映されます。

一部免除を受けた期間は、減額された保険料を納めていれば、表の割合で老齢基礎年金額に反映されます。

免除の割合	反映率（2009年4月以降分）	反映率（2009年3月以前分）
4分の3免除期間	5／8	3／6
半額免除期間	6／8	4／6
4分の1免除期間	7／8	5／6

　一部免除を受けたのに、減額された保険料を納めていない場合は、保険料未納扱いとなります。

納付猶予や学生納付特例は追納が必要

　全額免除・法定免除を受けた期間や一部免除を受けて減額された保険料を納めた期間と違い、**納付猶予や学生納付特例を受けた期間は、保険料をあとから「追納」（32ページ参照）しない限り、老齢基礎年金額にはまったく反映されません。**

● 免除などの申請書の提出先
　免除などの申請書は、お住いの市区役所・町村役場の国民年金担当窓口またはお近くの年金事務所へ提出してください。郵送でも可能です。
　代行事務を行う許認可を受けている学校等に在学中の場合は、学生納付特例の申請書を学校等に提出することもできます。
　申請書のダウンロードや、記載例、添付書類などの確認は、日本年金機構ホームページでもできます。
　「**ねんきんネット**」（https://www.nenkin.go.jp/n_net/）の画面上で、免除などの申請書の作成もできます。ねんきんネットでは生年月日などの基本情報が自動表示されるため、入力時の手間がかからず入力ミスも防げます。
　なお、ねんきんネットの利用は、ご利用登録が必要になります。

免除等期間中の
保険料を追納する

03でみた通り、免除や納付猶予などを受けたままだと、将来の老齢基礎年金額は少なくなります。そこで、免除や納付猶予などを受けた分の保険料は、**10年以内であれば後から納めること（追納）ができます**。

追納すると年金額に反映される

追納すると、国民年金保険料を納めた期間として扱われますので、**老齢基礎年金額に完全に反映される**こととなります。

例1 全額免除期間の保険料を1年分追納すると、老齢基礎年金が
年額約1万円、一生涯にわたって増える。
満額の老齢基礎年金約80万円×1/2×12か月／480か月＝1万円

例2 納付猶予期間の保険料を1年分追納すると、老齢基礎年金が
年額約2万円、一生涯にわたって増える。
満額の老齢基礎年金約80万円×12か月／480か月＝2万円

また、追納保険料も社会保険料控除の対象となりますので、その年の所得から控除でき、所得税・住民税の節税につながります。

未納分の保険料は追納できない

10年以内であれば追納できるのは、免除や納付猶予などを受けた期間に限られます。

免除や納付猶予などを受けずに未納となっていた保険料は、追納の対象となりません。また未納保険料は時効の範囲内（過去2年以内）分の保険料しか、さかのぼって納付することができません。

経済的に保険料を納めることが難しい期間が長引いたとしても、後から余裕ができたら追納ができるように、保険料を未納のまま放っておくのではなく、**免除や納付猶予などを受けておくことが重要**です。

なお、一部免除を受けた期間に、残りの納付すべき保険料を納めていない場合は、追納できません。

3年度目以降に追納すると加算額がかかる

追納は10年以内であればできますが、免除や納付猶予などを受けた期間の翌年度から数えて3年度目以降に保険料を追納する場合は、加算額が上乗せされます。

つまり、3年度以前（2020年度に追納する場合は、2017年度以前）の保険料には加算が付きます。余裕ができたら、なるべく早めに追納をするのがよいでしょう。

期　　間	追納の可・不可	備　　考
免除期間の保険料	可	追納可能期間は10年以内（3年度以前の保険料には加算額がかかる）
納付猶予期間の保険料	可	
未納期間の保険料	不可	過去2年以内の保険料のみさかのぼって納付できる

●日本年金機構の「ねんきんネット」

追納申込書は日本年金機構ホームページでもダウンロードでき、「ねんきんネット」の画面上でも作成できます。追納申込書の提出先は最寄りの年金事務所です（郵送でも可）。

追納が認められると**納付書**をもらえるので、その納付書で納めます。

60歳以降も国民年金に任意加入する

60歳以降の任意加入とは?

　保険料未納期間があるなどで、次のいずれかに該当する個人事業主・フリーランスの方などは、**60歳から65歳になるまでの間も国民年金に任意加入できます**（任意加入被保険者）。

例1 60歳までに老齢基礎年金の受給資格期間（10年以上）を満たしていないため老齢基礎年金をもらえない

例2 20歳以上60歳未満の年金加入期間だけでは満額の老齢基礎年金をもらえないため、年金額を増やしたい

　上記のようなケースで任意加入をすることで、受給資格期間を満たしたり、老齢基礎年金を満額に近づけることができます。任意加入して納めた国民年金保険料も社会保険料控除の対象となります。

任意加入は申出をした月から入ることとなり、さかのぼって加入することはできません。**65歳になるまでに480か月加入**に達したら、それ以上任意加入することはできません。

　なお、老齢基礎年金を繰上げ受給（26ページ）すると、任意加入はできなくなります。

> **例** 60歳前に保険料納付月数が240か月ある人が、60歳〜64歳の60か月任意加入して保険料を納めると、65歳からの老齢基礎年金が約10万円、一生涯にわたって増えます。

●任意加入しない場合

　　受給額＝満額の老齢基礎年金約80万円×240か月／480か月
　　　　　＝約40万円

●60か月任意加入した場合

　　受給額＝満額の老齢基礎年金約80万円×（240か月+60か月）／480か月
　　　　　＝約50万円

65歳以降も国民年金に任意加入できる特例もある

　65歳になっても老齢基礎年金の受給資格期間（10年以上）を満たしていない人は、**最高70歳になるまでの範囲で受給資格期間を満たすまでの間任意加入して、国民年金保険料を納付できる特例**もあります。

　この特例を使って受給資格期間を満たせば、老齢基礎年金約20万円を一生涯もらえるようになります。

● もらえる老齢基礎年金＝

　満額の老齢基礎年金約80万円×120か月／480か月＝約20万円

　ただし、この特例は、**1965年4月1日以前生まれ**の人しか使えません。

　任意加入の申込窓口は、お住いの市区役所・町村役場の国民年金担当窓口またはお近くの年金事務所です。

付加保険料を払って 65歳から付加年金をもらう

2年間でモトが取れる付加年金

　自営業・フリーランスなど（国民年金の第1号被保険者および65歳未満の任意加入被保険者）は、国民年金保険料（2020年度現在月額16,540円）にプラスして**月額400円の付加保険料**を納めることで、65歳から老齢基礎年金の**上乗せ年金（付加年金）**ももらえます。付加保険料も社会保険料控除の対象となります。

　付加年金額は、「200円×付加保険料納付月数」です。
　例えば、10年間付加保険料を納めると、65歳から付加年金24,000円を一生涯もらえます。
　10年間で納める付加保険料の総額は、**48,000円**です。

> 例 付加年金額＝付加保険料200円×120か月（10年）＝24,000円
> 10年間で納める付加保険料の総額＝
> 付加保険料400円×120か月（10年）＝48,000円

　つまり、付加保険料を納めた分は、**65歳から付加年金を2年間もらえばモトが取れます。**
　なお、付加年金は老齢基礎年金など他の年金と違って、賃金・物価の変動による年度ごとの年金額改定は行われません。

納められる人・納められない人に注意

　付加保険料を納めるための申込み先は、市区役所・町村役場の国民年金担当窓口または年金事務所です。申し込んだ月分から納めることができます。

　国民年金保険料の免除などを受けている期間は納められません（障害基礎年金受給者が国民年金保険料の納付申出をしている場合は、付加保険料も納められます）。

　産前産後の免除期間は国民年金保険料を納めなくてもよい期間ですが、付加保険料を納めることはできます。

　国民年金に任意加入する際に、国民年金保険料にプラスして付加保険料を納めることもできます（65歳以上の人を除く）。

　なお、国民年金基金（41ページ）に入っている人は、付加保険料を納められません。

老齢基礎年金の繰下げ・繰上げと付加年金

　老齢基礎年金を繰り下げたときは、**付加年金も同時に繰り下げられ、老齢基礎年金の増額率と同じ率で年金額が増えます。**

　反対に、老齢基礎年金を繰り上げたときは、付加年金も同時に繰り上げられ、老齢基礎年金の減額率と同じ率で年金額が減ります。

受給資格期間に満たない時はカラ期間を確認

カラ期間とは?

　カラ期間とは、国民年金に任意加入できるのにしなかった期間など、**老齢基礎年金の受給資格期間（10年以上）を満たしているかどうかを判断するときだけ算入してよい期間**です。

　カラ期間は、老齢基礎年金額には反映されません。カラ期間は、「合算対象期間」ともいいます。

> **例1** Aさんはこれから60歳になるまで国民年金保険料を払っても9年11か月しかなく、過去2年以内の未納保険料をさかのぼって納めるか60歳以降も任意加入しないと、老齢基礎年金をまったくもらえないと思っていました。しかし、Aさんには、カラ期間が約2年間（20歳から大学卒業まで）ありました。

　Aさんは、これから60歳になるまでの9年11か月きちんと国民年金保険料を納めれば、カラ期間も含めて十分に合計10年以上となり、受給資格期間を満たします。

　したがって、過去2年以内の未納保険料を納めず、60歳以降任意加入しなかったとしても、9年11か月分の老齢基礎年金をもらえます。

　さらに、60歳以降65歳になるまで任意加入すると、もらえる年金額を約30万円に増やせます。

例2 ●**カラ期間を含めて受給資格期間10年以上の場合**

　・年金額＝満額の老齢基礎年金約80万円×119か月／480か月
　　　　　＝約20万円

　●**60か月任意加入した場合**

　・年金額＝満額の老齢基礎年金約80万円×（119か月＋60か月）／
　　　　480か月＝約30万円

主なカラ期間

主なカラ期間の概要は次のとおりです。

1. **1986年4月1日以降の期間**

（1）**1991年3月までの学生（夜間制、通信制を除き、年金法上に規定された各種学校を含む）であって国民年金に任意加入しなかった期間（20歳以上60歳未満の期間に限る）**

（2）**第2号被保険者期間、つまり、厚生年金に入っていた期間（共済組合加入期間を含む）のうち、20歳未満の期間または60歳以上の期間**

（3）日本人であって海外に居住していた期間のうち、国民年金に任意加入しなかった期間（20歳以上60歳未満の期間に限る）

（4）国民年金に任意加入したものの保険料が未納となっている期間（20歳以上60歳未満の期間に限る）

（5）1961年5月1日以降に日本国籍を取得した人または永住許可を受けた人の海外在住期間のうち、取得または許可前の期間（20歳以上60歳未満の期間に限る）

2. **1961年4月1日から1986年3月31日までの期間**

（1）**学生（夜間制、通信制、各種学校を除く）であって国民年金に任意加入しなかった期間（20歳以上60歳未満の期間に限る）**

（2）**厚生年金、船員保険または共済組合に入っていた期間のうち、20歳未満の期間または60歳以上の期間**

（3）**厚生年金、船員保険または共済組合に入っていた人の配偶者で、国民年金**

に任意加入しなかった期間（20歳以上60歳未満の期間に限る）

（4）被用者年金制度等から支給される老齢（退職）年金受給権者とその配偶者、老齢（退職）年金の受給資格期間を満たした人とその配偶者、障害年金受給権者とその配偶者、遺族年金受給権者で国民年金に任意加入しなかった期間（20歳以上60歳未満の期間に限る）

（5）日本人であって海外に居住していた期間（20歳以上60歳未満の期間に限る）

（6）国民年金に任意加入したものの保険料が未納となっている期間（20歳以上60歳未満の期間に限る）

（7）1961年4月以降の国会議員またはその配偶者であった期間（1980年4月以降は国民年金に任意加入しなかった期間）のうち、20歳以上60歳未満の期間

（8）1962年12月以降の地方議員またはその配偶者であった期間で、国民年金に任意加入しなかった期間（20歳以上60歳未満の期間に限る）

（9）厚生年金・船員保険の脱退手当金を受けた期間（1986年4月から65歳に達する日の前月までの間に保険料納付済期間または免除期間がある人に限る）

（10）国民年金の任意脱退の承認を受けて国民年金の被保険者にならなかった期間（20歳以上60歳未満の期間に限る）

（11）1961年5月1日以降に日本国籍を取得した人または永住許可を受けた人の、外国籍であるために国民年金の加入が除外されていた1981年12月までの在日期間（20歳以上60歳未満の期間に限る）

（12）1961年5月1日以降に日本国籍を取得した人または永住許可を受けた人の海外在住期間のうち、取得または許可前の期間（20歳以上60歳未満の期間に限る）

3. 1961年3月31日以前の期間（省略）

国民年金基金や小規模企業共済で老後資金を上乗せする

国民年金基金に入り老齢基礎年金に上乗せする

個人事業主・フリーランスなど（国民年金の第1号被保険者および65歳未満の任意加入被保険者）は、**老齢基礎年金の上乗せ年金をもらうために、国民年金基金に入って掛金を納める**こともできます。

国民年金基金は、厚生労働大臣認可で設立された公的な法人です。

掛金の額は、原則として月額68,000円が上限です（**個人型確定拠出年金（iDeCo）**（46ページ）と合わせて68,000円が上限）。

4月から翌年3月までの1年分の掛金を前納すると、0.1か月分の掛金が割引されます。国民年金基金の掛金は国民年金保険料同様、全額社会保険料控除の対象となりますので、所得税・住民税が軽減されます。

なお、国民年金保険料の免除などを受けている人^(注)や農業者年金に入っている人は国民年金基金に入れません。

注）産前産後の免除を受けた期間や、法定免除を受けている人が国民年金保険料の納付申出をした期間は入れます。

老齢年金の給付設計は、全員が加入する**1口目（2種類の終身年金から選択）**と希望に応じて選択する**2口目以降（2種類の終身年金および5種類の確定年金（受取期間が決まっている年金）から選択）**があり、給付の型、加入口数、加入時の年齢、性別によって決まる掛金を納めます。

2口目以降の加入口数を増やしたり減らしたりすることもできます（前納した期間について加入口数を減らすことはできません）。いったん加入すると、自己都合による任意脱退や中途解約はできません。

国民年金基金の7つのスタイル

	終身年金	
タイプ	A型	B型
支給開始年齢	65歳から一生涯受給	
保証期間	15年間	なし
基本年金月額	1～2万円	

	確定年金				
タイプ	Ⅰ型	Ⅱ型	Ⅲ型	Ⅳ型	Ⅴ型
支給開始年齢	65歳		60歳		
保証期間	15年間	10年間	15年間	10年間	5年間
基本年金月額	5,000円～1万円				

出典：全国国民年金基金ホームページを元に作成

　国民年金基金連合会ホームページ（https://www.npfa.or.jp/）で、掛金額表や将来受け取れる年金額、税金の軽減見込額を確認できます。

　加入時の予定利率（**現在1.5％**）は、その後予定利率が変更されても最後まで変わりません。老齢基礎年金のような賃金・物価の変動に応じた年金額改定はありません。

　国民年金基金に入った人が国民年金保険料未納のまま2年経つと、未納期間に対する基金の年金給付は受け取れません（国民年金保険料未納期間分の国民年金基金掛金は返ってきます）。

　国民年金基金に入っている人は、**付加保険料**（36ページ）を納められません（基金の1口目の給付に付加年金相当が含まれているためです）。

　付加保険料を納めている人が国民年金基金に入る際には、市区役所・町村役場で付加保険料の納付を辞める旨の手続きが必要です。

　国民年金保険料の免除などを受けた期間について追納を行った場合、加入後一定期間国民年金基金の掛金の上限が102,000円になる特例も

あります。

　国民年金基金連合会ホームページから資料請求し、加入申出書を**全国国民年金基金**（https://www.zenkoku-kikin.or.jp/）の支部宛に送付すれば加入できます。金融機関でも加入受付が行われています。

　なお、歯科医師、司法書士、弁護士は、全国国民年金基金ではなく職能型国民年金基金（歯科医師国民年金基金、司法書士国民年金基金、日本弁護士国民年金基金）に入ることもできます（全国国民年金基金も職能型国民年金基金も事業内容は同じです）。

　国民年金基金の老齢年金は、老齢基礎年金・付加年金や老齢厚生年金と併せて雑所得として公的年金等控除の対象となります。

　老齢年金以外に遺族一時金（非課税）もあります（B型を除く）。

小規模企業共済で退職金・老後資金を積み立てる

　個人事業主・フリーランス等が所得税や住民税を節税しながら退職金・老後の生活資金を積み立てる定番の制度として、**独立行政法人中小企業基盤整備機構（中小機構）**が運営する「小規模企業共済」があります。2018年3月末現在で約138万人が加入しています。

　掛金は小規模企業共済等掛金控除として、全額所得控除の対象となります（社会保険料控除と違って、本人分以外の掛金を払っても控除の対象にはなりません）。

　掛金の前納もできます。前納すると、**前納月数に応じた割引（前納減額金）**を受け取れます。

　1年以内の前納掛金（－前納減額金）も、課税対象となる所得から控除できます。加入時の年齢制限や満期はありません。

小規模企業共済の概要

制度の概要	個人事業主や小規模事業者のための積立による退職金制度
運　　営	独立行政法人中小企業基盤整備機構（中小機構）
現在の加入者	約138万人
加入できる人	●常時使用する従業員数が20人以下の個人事業主・フリーランスまたは法人代表者・役員 ●卸売業・小売業やサービス業（宿泊業・娯楽業を除く）の場合は、常時使用する従業員数が5人以下の個人事業主・フリーランスまたは法人代表者・役員 など
掛　　金	1,000円〜7万円（500円単位）の範囲で選択。増額・減額も可能
納付方法	月払い、半年払い、年払いから選択できる

出典：独立行政法人 中小企業基盤整備機構ホームページ

共済金を受け取れるとき

　個人事業主・フリーランスが加入した場合は、掛金納付月数6か月以上で、次のいずれかの事由が生じたときに共済金を受け取ることができます。

共済金A	・すべての個人事業を廃止した ・死亡した
共済金B	・老齢給付（65歳以上で180か月以上掛金を払い込んだ人）

　共済金の受取りは、**一括受取りまたは分割受取り**を選べます（要件を満たせば、2つの併用も選べます）。
　一括で受け取った場合は退職所得扱いとなり、分割で受け取った場合は雑所得扱い（公的年金等控除の対象）となります。
　このように、掛金を払う際も、共済金をもらう際も所得税・住民税の

節税となります。死亡による共済金はみなし相続財産として、相続税の課税対象です（ただし、500万円×法定相続人の数までは非課税）。

掛金の納付期間に応じた貸付限度額の範囲内で、事業資金等を借り入れることもできます。

なお、掛金納付月数240か月未満で任意解約した場合の解約手当金は、掛金合計額を下回ります（掛金納付月数12か月未満の場合は、解約手当金や準共済金は受け取れません）。

共済金等の予定利率は2020年度現在1％です。

中小機構のホームページでチェック

中小機構サイトの小規模企業共済ページで、将来受け取れる共済金と節税効果をシミュレーションできます。

加入の申し込みは、商工会、商工会議所、中小企業団体中央会、中小企業の組合、青色申告会、金融機関の窓口で行います。

小規模企業共済制度加入シミュレーションの例

出典：中小機構(https://www.smrj.go.jp/kyosai/skyosai/entry/simulation/index.html)

個人型確定拠出年金（iDeCo）で年金に上乗せする

iDeCoは個人型の確定拠出年金

　老齢基礎年金の上乗せ給付としては、**個人型確定拠出年金（iDeCo）**もあります。iDeCoは確定拠出年金法に基づく私的年金の1つで、実施主体は「国民年金基金連合会」です。iDeCoは、①掛金を払う際、②資産を運用する際、③年金をもらう際のいずれも、所得税・住民税の節税となります（課税所得がある場合）。

自営業者・フリーランスに手厚い

　iDeCoは自営業者から会社員、公務員等まで広く加入できますが、個人事業主・フリーランスなど（国民年金の第1号被保険者）が加入する場合、掛金の拠出限度額が最も高く、付加保険料または国民年金基金の掛金と合わせて**年額816,000円（月額68,000円）の範囲**で掛金を積み立てできます。

　加入者が払う掛金（本人分のみ）は、全額が所得控除（小規模企業共済等掛金控除）の対象となります。

　掛金の額は**月々5,000円以上1,000円単位**で加入者が決めます。年1回以上、任意に決めた月にまとめて払うこともできます。

　2020年7月時点で、約166万人が加入しています（うち、個人事業主・フリーランスなど第1号加入者は18.7万人）。掛金の額は年1回変更できます。契約した金融機関（運営管理機関）が提示する中から**自分で選んだ投資信託などの運用商品で掛金を運用**します。管理運営機関には、証

券会社、都市銀行、地方銀行、信用金庫、信用組合など、多くの金融機関がありますから、運用商品のラインナップや各種手数料の水準をみて検討し、1社に決めます。

個人型確定拠出年金（iDeCo）の概要

加入できる人	60歳未満の公的年金加入者
掛金（月額）	月5,000円以上1,000円単位で加入者が決定（上限6.8万円）
現在の加入者	約166万人（うち第1号加入者18.7万人）　2020年7月時点
運用商品	・元本確保型商品（定期預金、保険商品） ・国内型、海外型、バランス型などさまざまな投資信託
受取方法	①年金（原則5年以上20年以下の間で年金として受け取る） ②一時金（60歳〜70歳までの間に一括で受け取る） ③年金と一時金を組み合わせて受け取る

将来の受取額は確定でなく元本保証はない

　将来の受取額は確定されておらず、払った掛金合計額や運用成績によって変わります。投資信託などを選んだ場合は、**運用成績によっては元本を下回る可能性**もあります。

　通常、預金利息や投資信託などで得た収益には一律20％の税金（所得税15％、住民税5％）がかかります（2037年までは所得税額×2.1％の復興特別所得税もかかります）。

　しかし、**iDeCoによる運用収益は全額非課税**です（個人別管理資産には特別法人税1.173％が課税されることとなっていますが、凍結が続いています）。

原則60歳まで受け取れず、中途解約もできない

　老齢給付金は60歳以降、年金または一時金で受け取ります。運営管理

機関によっては、年金と一時金を組み合わせて受け取る方法も選べます。

　年金として受け取る場合は、原則として「5年以上20年以下」の有期年金で受け取れます（金融機関によっては、終身年金として受け取れる商品もあります）。

　老齢給付金を年金で受け取った場合は雑所得として公的年金等控除の対象となり、一括で受け取った場合は退職所得控除の対象となります。

iDeCoの概要

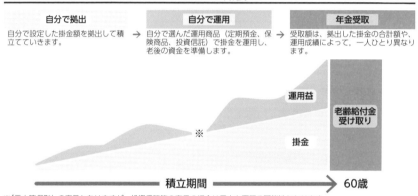

※「元本確保型」の商品もありますが、投資信託等の商品の場合は元本を下回る可能性もあります。
※受給開始年齢は、加入期間等に応じて決まります。

出典：iDeCo 公式サイト

　iDeCoは60歳未満の公的年金加入者であれば加入できます^{（注）}。

　60歳到達までは原則、年金資産（払った掛金および運用益）を引き出せません。60歳から老齢給付金を受け取るには通算加入者等期間が10年以上必要で、10年に満たない場合は受給開始年齢が繰り下げられます。

　iDeCoは長期にわたって節税メリットを受けながら老後資金の積み立てをし、運用もしたい人向けの制度です。

　注）国民年金保険料免除者等（国民年金保険料の納付申出をした障害基礎年金受給者を除く）は入れません。
　　　法改正により、加入可能年齢の上限が60歳未満から「65歳未満」に引き上げられます（2022年5月から）。60歳以上65歳未満の人も国民年金に任意加入しているか、厚生年金に入っていれば、iDeCoに入れるようになります。
　　　また、受給開始時期の選択範囲も、60歳から70歳の間から「60歳から75歳の間」に拡がります（2022年4月から）。

加入期間等に応じた受給開始年齢

10年以上	60歳	8年以上10年未満	61歳
6年以上8年未満	62歳	4年以上6年未満	63歳
2年以上4年未満	64歳	1月以上2年未満	65歳

　iDeCo 公式サイトで、加入した場合どれくらい税負担が軽減されるかをシミュレーションできます。老齢給付金以外に障害給付金（非課税）や死亡一時金（みなし相続財産）もあります。

　iDeCo加入の手続きは、iDeCoを取り扱う金融機関（運営管理機関）を通して行います（iDeCo公式サイトで一覧を確認できます）。

運用や管理には費用がかかる

iDeCoに加入し運用するには、以下の手数料がかかります。

①国民年金基金連合会の手数料

・加入時手数料（初回1回のみ）：2,829円

・加入者手数料（掛金納付の都度）：105円

・還付手数料（その都度）1,048円

　　国民年金保険料の未納が判明した場合は、その月のiDeCo掛金を加入者に返還されます。その際にかかる手数料です。

②運営管理機関（金融機関等）の手数料

　　運営管理機関により異なります。

　　また、事務委託先金融機関（信託銀行）の手数料が別途かかります。

③運用商品の手数料

　　運用商品によっては、投資信託の信託報酬や販売手数料等、手数料がかかる場合があります。手数料は運用商品により異なります。

つみたてNISAで老後資金を積立投資する

2018年から始まった積立投資専用の非課税制度

つみたてNISAは、少額からの積立投資を支援するための非課税制度です。日本に住んでいる20歳以上の人なら利用できます。

つみたてNISAと一般NISAとはどちらか一方を選択して利用します（年単位で変更することはできます）。

つみたてNISAの対象商品は、手数料が低水準で、頻繁に分配金が支払われないなど、**長期・積立・分散投資に適した公募株式投資信託と上場株式投資信託（ETF）に限定されている**ため、投資初心者にとっても利

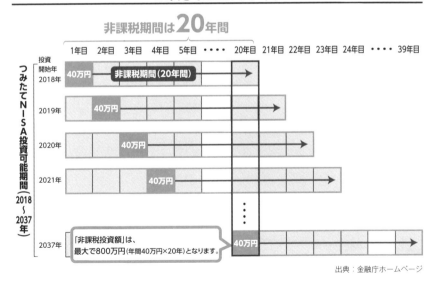

つみたてNISAのしくみ

出典：金融庁ホームページ

用しやすいしくみとなっています。

　ただし、証券会社や銀行など金融機関によりつみたてNISAの取扱商品は異なりますので、事前に確認することが必要です。

最大800万円の投資総額が非課税になる

　つみたてNISAは、毎年40万円を上限に一定の投資信託が購入できます。つみたてNISAで保有中に得た**分配金**と、値上がりした後に売却して得た**譲渡益**が、購入した年から**20年間非課税**となります。非課税で保有できる投資総額は、**最大800万円**（40万円×20年間）にもなります。

つみたてNISAの概要

利用できる人	日本に住んでいる20歳以上の人（一般NISAと同時併用は不可）
非課税対象	一定の公募株式投資信託と上場株式投資信託（ETF）から得られる分配金・譲渡益
非課税投資枠	新規投資額毎年40万円（非課税投資枠は20年間で最大800万円）
非課税期間	最長20年間
投資可能期間	2018年～2037年（例：2037年に購入した投資信託は2056年まで非課税で保有可能）
投資対象商品	長期の積立・分散投資に適した一定の投資信託 例えば公募株式投資信託の場合は以下をすべて満たすもの ・販売手数料ゼロ（ノーロード） ・信託報酬は一定水準以下（国内株インデックス投信は0.5%以下） ・顧客一人ひとりに対して、その顧客が過去1年間に負担した信託報酬の概算金額を通知すること ・信託契約期間が無期限または20年以上 ・分配頻度が毎月でないこと ・ヘッジ目的の場合等を除き、デリバティブ取引による運用を行っていないこと ※取扱商品は個々の証券会社、銀行等により異なります。

出典：金融庁ホームページを元に作成

　つみたてNISAは非課税期間の20年間が終了したときには、NISA口座以外の課税口座（一般口座や特定口座）に払い出されます。その年の非課税枠の未使用分があっても、翌年以降に繰り越すことはできません。

第1章　個人事業のまま老齢年金給付を増やす方法

NISA口座で保有中の投資信託を値下がり後に売却するなどして損失が出ても、他の口座（一般口座や特定口座）で保有中の金融商品の配当金や売却益との相殺（損益通算）はできません。

　つみたてNISAを利用するための手続きは、金融機関（証券会社や銀行など）で行います。**NISA口座は1人1口座のみ開設**できます（NISA口座内で、一般NISAではなく、つみたてNISAを選びます）。

　商品を購入する際は、商品の特性や取引のしくみ、リスク、手数料等を十分確認するようにしましょう。

税制改正により口座開設可能期間がさらに延長

　2020年度税制改正により、口座開設可能期間が5年間（2037年12月31日から2042年12月31日まで）延長されることとなりました。これにより、2042年中に購入した投資信託についても20年間（2061年まで）非課税で保有することができます。

　なお、一般 NISA は、**1階で積立投資を行っている場合には2階で別枠の非課税投資を可能とする2階建て**の制度に見直した上で、口座開設可能期間を2028年12月31日まで延長されることとなりました（一般NISAが新制度となっても、つみたてNISAとの併用はできません）。

改正のイメージ

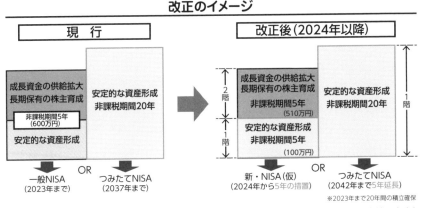

出典：「令和2年度税制改正」（財務省）一部改変

第2章

個人事業のまま
傷病手当金や
障害・遺族年金を
増やす方法

傷病や出産で働けないときに備える

国民健康保険には傷病手当金や出産手当金がない

　会社員が加入する健康保険には、業務外の病気・けがによる療養のため働けなくなって給料を受けられないときに、給料の約3分の2が最高1年6か月支給される**傷病手当金**があります。出産前後の一定期間仕事を休んで給料を受けない間について、給料の約3分の2が支給される**出産手当金**もあります。

　個人事業主・フリーランスの多くが加入している、都道府県・市区町村運営の国民健康保険には原則このような制度はありませんから、病気・けがや出産で収入がなくなったときのために、備えておく必要があります。

方法1：業種ごとの国民健康保険組合に加入する

　都道府県・市区町村ではなく、同種の事業または業務に就いている人で構成された国民健康保険組合が運営する国民健康保険もあります。

> **例**　文芸美術国民健康保険組合、全国建設工事業国民健康保険組合、東京美容国民健康保険組合、東京理容国民健康保険組合、東京料理飲食国民健康保険組合、京都芸術家国民健康保険組合　など

　国民健康保険組合によっては、傷病手当金や出産手当金制度があると

ころがあります（制度の有無や給付の内容は各組合により異なります）。

　ただし、組合員となるためには、**事業または業務が同種であること**が
必要です。地域が限られている組合も多いです。

方法2：預貯金や換金できる積立などを増やす

　傷病手当金・出産手当金のある国民健康保険組合に入れない場合、病
気・けがや出産で働けなくなり収入が途絶えたときに生活に困らないよ
う、ある程度の預貯金を持っておくことが肝要です。

　小規模企業共済（43ページ）に入って掛金を支払っておけば、病気・
けがによって一定期間入院したときなどに、経営の安定化のために事業
資金を低金利で借入れできる**傷病災害時貸付け**も利用できますので安心
です。

　資金に余裕があるため長期運用・投資にある程度の金額を回したい場
合であっても、原則として60歳までお金を引き出せない**個人型確定拠出
年金（iDeCo）**の掛金のみにすべて充ててしまうと、いざというときに
使えるお金がなくて困ることになりかねません。

　つみたてNISA（50ページ）のように、いざとなれば換金できる制度
を利用するのも1つの方法です。

　その他、各種の給付金・補助金・助成金などを活用することは、預貯
金の減少を防ぐ観点からも重要です。

　持続化給付金、家賃支援給付金や小規模事業者持続化補助金、IT導入
補助金、ものづくり補助金などの概要は経済産業省・中小企業庁の中小
企業向け補助金・支援金サイト「ミラサポplus」で確認できます。

　https://mirasapo-plus.go.jp/

　雇用関係の助成金等の概要は厚生労働省ホームページで、地方自治体
の助成金等は自治体ホームページで確認できます。

障害基礎年金を増やす方法

障害基礎年金の概要

障害基礎年金は、次のいずれかの期間中に「初診日」[注1]のある病気（がん、脳出血、心臓病、腎臓病、糖尿病、うつ病、認知症など）やケガが原因で、「障害認定日」[注2]に障害等級1級または2級に該当したときに、国民年金からもらえます。[注3]

（1）国民年金の被保険者である間
（2）国民年金の被保険者であった人が、60歳以上65歳未満で日本国内に住んでいる間

注1）障害の原因となった病気やケガについて、初めて医師または歯科医師の診療を受けた日のこと。
注2）原則として、その障害の原因となった病気やけがについての初診日から1年6か月をすぎた日のこと。1年6か月以内にその病気やケガが治った場合（症状が固定した場合）はその日が障害認定日となります。
注3）そのほか、公的年金に加入していない20歳前に初診日がある病気やケガによる障害に対する障害基礎年金もあります（ただし、本人所得により半額または全額が支給停止となります）。

障害認定日に障害の状態が軽くて障害等級に該当しなくても、その後障害の状態が重くなり障害等級に該当し、65歳の誕生日の前々日までに請求した場合も障害基礎年金が支給されます。

障害基礎年金の額は、障害等級2級に該当している間は年額約78万円、障害等級1級に該当している間は年額約98万円です。

原則として高校卒業までの、生計を維持している子がいるときは、子

の人数×約22万円（3人目の子からは、人数×約8万円）が加算されます。

（2020年度年額）
- 障害等級1級：977,125円
- 障害等級2級：781,700円
- 子の加算^{（注）}：子2人まで　1人につき224,900円
  　　　　　　　子3人から　1人につき75,000円

注）子の加算の対象になる子は、次のいずれかに該当する未婚の子です。
- 18歳になった後の最初の3月31日までの間にある子
- 20歳未満で障害等級1級・2級の障害の状態にある子

なお、障害基礎年金が支給されるためには、**初診日の前日において次の（1）（2）のいずれかの要件（保険料納付要件）を満たしている必要**があります。^{（注）}

（1）初診日の前々月までの公的年金加入期間全体の3分の2以上が、年金保険料を納めた期間または国民年金保険料の免除などを受けた期間である（つまり、**保険料未納期間が全体の3分の1未満である**）。

（2）初診日の前々月までの直近1年間の公的年金加入期間がすべて、年金保険料を納めた期間または国民年金保険料の免除などを受けた期間である（つまり、**初診日の前々月までの1年間に保険料未納期間がない**）。

注）初診日が20歳前の公的年金未加入期間にある場合は、保険料納付要件は不要です。

また、老齢基礎年金を繰り上げて受けている人は、原則として障害基礎年金をもらえません。

なお、ひとり親が児童扶養手当額を上回る障害基礎年金を受けている場合は児童扶養手当が支給停止となる取り扱いが、法改正により2021

年3月分（2021年5月支払）から見直され、児童扶養手当の額と障害基礎年金の子の加算との差額を児童扶養手当として受けられるようになります。

増やす方法：国民年金保険料の未納をなくす

　初診日の前日において保険料納付要件の（1）も（2）も満たしていない人は、障害基礎年金を1円ももらえません。

　したがって、病気やケガをする前に、少なくともいずれか1つを満たすようにしておくことが重要です。

　過去2年分（2年1か月前分以降）の未納保険料はまだ納められますので、払っておきましょう。

　そうすることで、上記（2）を満たせます（65歳から支給の老齢基礎年金の額も増えます）。

　なお、（2）のみを満たせば障害基礎年金をもらえるのは、今のところ初診日が2026年3月まで、かつ、初診日において65歳未満の場合の特例です。

　経済的事情で未納分保険料を納められない人は、免除などを受けられる要件を満たしていれば、過去2年分（申請月の2年1か月前分以降）の保険料について免除などを受けておくことで、（2）を満たせます。

遺族基礎年金を
増やす方法

遺族基礎年金の概要

　次のいずれかに該当したときは、国民年金から遺族基礎年金が支給されます。

（1）国民年金の被保険者である間に亡くなった

（2）国民年金の被保険者であった人が、60歳以上65歳未満で日本国内に住んでいる間に亡くなった

（3）公的年金に加入して保険料を納めた期間・免除などを受けた期間・カラ期間を合わせて25年以上ある人が亡くなった

　遺族基礎年金をもらえるのは、死亡の当時、**亡くなった人によって生計を維持**^(注1)されていた次の人のみです。

（ア）子のある配偶者（下記（イ）の子と生計を同じくする配偶者）^(注2)

（イ）次のいずれかに該当する未婚の子

- 18歳になった後の最初の3月31日までの間にある子
- 20歳未満で障害等級1級または2級の障害の状態にある子

　子のある配偶者も（イ）に該当する子もいる場合は、子のある配偶者が遺族基礎年金をもらえます。

　つまり、亡くなったときに配偶者と子がいれば、子が全員高校を卒業するまでの間を原則として、配偶者に遺族基礎年金が支払われます。

注1）死亡の当時、亡くなった人と生計を同じくしており、かつ、原則として次のいずれかに該当した場合、生計維持されていたとされます。
・前年の収入（前年の収入が確定していない場合は前々年の収入）が850万円未満
・前年の所得（前年の所得が確定していない場合は前々年の所得）が655.5万円未満
注2）2014年4月以降の死亡については、子のある妻だけでなく、子のある夫も遺族基礎年金を受けられます。

遺族基礎年金の額

次の金額が支給されます（2020年度年額）。

- 子のある配偶者が受ける場合
  約78万円＋子の加算
- 子が受ける場合
  約78万円＋2人目以降の子の加算
- 遺族基礎年金：781,700円
- 子の加算^{（注）}：子2人まで　各224,900円
  　　　　　　子3人から　各75,000円

注）2人以上の子が遺族基礎年金を受ける場合は、子の数で割った金額がそれぞれに支払われます。例えば、子2人が遺族基礎年金を受ける場合、それぞれの子に年額503,300円ずつ支払われます。（遺族基礎年金781,700円＋2人目の子の加算224,900円）÷2＝503,300円

ただし、遺族基礎年金が支給されるには、**死亡日の前日において次の(1)(2)いずれかの「保険料納付要件」を満たしている必要**があります。

（1）死亡月の前々月までの公的年金加入期間全体の3分の2以上が、年金保険料を納めた期間または国民年金保険料の免除などを受けた期間である（つまり、保険料未納期間が全体の3分の1未満である）。
（2）死亡月の前々月までの直近の1年間の公的年金加入期間がすべて、年金保険料を納めた期間または国民年金保険料の免除などを受けた期間である（つまり、死亡日の前々月までの1年間に保険料未納

期間がない）。

増やす方法：国民年金保険料の未納をなくす

　死亡日の前日において保険料納付要件の（1）も（2）も満たしていない場合は、遺族基礎年金は1円も支給されません。

　したがって、亡くなる前に、少なくともいずれか1つを満たすようにしておくことが重要です。

　過去2年分（2年1か月前分以降）の未納保険料はまだ納められるので、払っておきましょう。そうすることで、上記（2）を満たせます（老齢基礎年金の額も増えます）。

　なお、（2）のみを満たせば遺族基礎年金をもらえるのは、今のところ死亡日が2026年3月まで、かつ、死亡日において65歳未満の場合の特例です。

　経済的事情で未納分保険料を納められない人は、免除などを受けられる要件を満たしていれば、過去2年分（申請月の2年1か月前分以降）の保険料について免除などを受けておくことで、（2）を満たせます。

寡婦年金や遺族一時金が
もらえる場合

　亡くなった時に子がいない場合、残された配偶者は遺族基礎年金をもらえません。しかし、「寡婦年金」または「死亡一時金」が支給されることがあります。

寡婦年金とは?

　第1号被保険者（65歳までの任意加入被保険者を含む）としての保険料納付済期間・保険料免除期間を合わせて10年以上[注1]**ある夫が死亡したときに、夫の死亡当時夫により生計を維持**[注2]**されていた、婚姻関係が10年以上継続した、65歳未満の妻に支給されます。**

　亡くなった夫が老齢基礎年金（繰り上げた老齢基礎年金も含む）や障害基礎年金を受給したことがあると、寡婦年金は支給されません。

　また、妻が老齢基礎年金を繰り上げた場合も、寡婦年金は支給されなくなります。寡婦年金をもらえる権利がある人が老齢基礎年金を繰り上げると、寡婦年金受給権はなくなります。

注1）2017年7月までの死亡の場合は、25年以上の期間が必要です。
注2）生計維持要件は、遺族基礎年金の場合（60ページ）と同様です。

● **支給額**：夫の老齢基礎年金額×4分の3 [注]

注）死亡月の前月までの第1号被保険者期間（65歳までの任意加入被保険者期間を含む）について、老齢基礎年金の計算方法により計算した額の4分の3です。

● **支給期間**：残された妻（寡婦）が60歳から65歳になるまで。妻が60歳になってから夫が亡くなった場合は、妻が65歳になるまで。

残された妻が65歳になると、妻自身の老齢基礎年金が支給されますので、それまでの生活保障のために支給される年金です。

妻自身が60歳から65歳になるまでの間に他の年金（特別支給の老齢厚生年金や遺族厚生年金など）をもらえる場合は、いずれかの年金を選択して受け取ることとなります。

なお、夫の死亡により遺族基礎年金を受けたことのある妻でも、要件を満たせば寡婦年金を受けることはできます。

死亡一時金とは？

第1号被保険者（任意加入被保険者を含む）として3年以上保険料を納付した人が死亡したときに遺族基礎年金を受給できる遺族がいない場合、一定の遺族^(注)に支給されます。

ただし、老齢基礎年金（繰り上げた老齢基礎年金も含む）または障害基礎年金を受給したことがある人が亡くなった場合は、支給されません。

注）死亡一時金をもらえる遺族の範囲：死亡した人の配偶者、子、父母、孫、祖父母または兄弟姉妹であって、その人の死亡当時その人と生計を同じくしていた人（死亡の当時生計を同じくしていた配偶者がいる場合は、配偶者が受給できます）。

死亡一時金の支給額

合算した月数※	支給額
36か月以上180か月未満	120,000円
180か月以上240か月未満	145,000円
240か月以上300か月未満	170,000円
300か月以上360か月未満	220,000円
360か月以上420か月未満	270,000円
420か月以上	320,000円

※「合算した月数」とは、次の期間を合算した月数のことです。
・保険料納付済期間（産前産後の保険料免除期間も含む）の月数
・保険料4分の1免除期間（保険料の4分の3を納めた期間）の月数×4分の3
・保険料半額免除期間（保険料の半額を納めた期間）の月数×2分の1
・保険料4分の3免除期間（保険料の4分の1を納めた期間）の月数×4分の1

付加保険料（36ページ）納付済期間が3年以上ある人の死亡により遺族に支給される死亡一時金には、8,500円が加算されます。

　なお、死亡一時金と寡婦年金を受けられるときは、選択によりどちらかを受けます。死亡一時金と遺族基礎年金を受けられるときは、遺族基礎年金が支給されます。

増やす方法：国民年金保険料をなるべく長く納める

　遺族基礎年金は定額ですが、寡婦年金は、亡くなった人が国民年金保険料を納めていた期間が長いほど額が多くなります。

　死亡一時金の支給額は支払った保険料と比べると少額ですが、上限420か月の範囲内で、国民年金保険料を納めていた期間が長いほど額が多くなります。

　残された遺族に支給される額を増やすためにも、今後の国民年金保険料をできるだけ長く納めることが重要です。経済的に難しい場合は、未納のまま放置せずに免除を受けておきましょう。

　過去2年以内（2年1か月以内）に未納保険料がある場合は、納めるか免除を受けておきましょう。

免除制度のイメージ

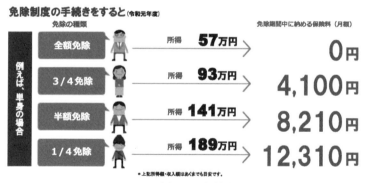

免除制度の手続きをすると（令和元年度）

免除の種類	所得	免除期間中に納める保険料（月額）
全額免除	57万円	0円
3／4免除	93万円	4,100円
半額免除	141万円	8,210円
1／4免除	189万円	12,310円

例えば、単身の場合

＊上記所得額・収入額はあくまでも目安です。

出典：国民年金「免除・猶予制度」厚生労働省 日本年金機構より抜粋

年金生活者支援給付金制度（老齢・障害・遺族）

公的年金等の収入金額やその他の所得が一定基準額以下の人の生活を支援するために、消費税率の引き上げ分を活用して年金に上乗せして支給される給付金制度です。

老齢年金生活者支援給付金

支給要件（以下のすべてを満たす人）

- 65歳以上の老齢基礎年金の受給者
- 世帯全員が住民税非課税
- 前年の公的年金等の収入金額^(注)とその他の所得との合計額が879,900円以下

注）障害年金・遺族年金等の非課税収入は含まれません。

給付額

月額5,030円を基準に保険料納付済期間等に応じて算出。次の（1）と（2）の合計額（2020年度。昭和16年4月2日以降生まれの場合）。

（1）	保険料納付済期間に基づく額（月額）	5,030円×保険料納付済期間の月数／480か月
（2）	保険料免除期間に基づく額（月額）	10,856円^(注)×保険料免除期間の月数／480か月

注）保険料全額免除、4分の3免除、半額免除期間については10,856円（老齢基礎年金満額（月額）の1/6）、保険料4分の1免除期間については5,428円（老齢基礎年金満額（月額）の1/12）となります。

障害年金生活者支援給付金

支給要件（以下のすべてを満たす人）
- 障害基礎年金の受給者
- 前年の所得 $^{(注1)}$ が4,621,000円 $^{(注2)}$ 以下

注1）障害年金等の非課税収入は、給付金の判定に用いる所得には含まれません。
注2）扶養親族の数に応じて増額されます。

給付額（2020年度）
- 障害等級1級：6,288円（月額）
- 障害等級2級：5,030円（月額）

遺族年金生活者支援給付金

支給要件（以下のすべてを満たす人）
- 遺族基礎年金の受給者
- 前年の所得 $^{(注1)}$ が4,621,000円 $^{(注2)}$ 以下

注1）遺族年金等の非課税収入は、給付金の判定に用いる所得には含まれません。
注2）扶養親族の数に応じて増額されます。

給付額（2020年度）
5,030円（月額）
　ただし、2人以上の子が遺族基礎年金を受けている場合は、5,030円を子の数で割った金額がそれぞれに支払われます。

　年金生活者支援給付金は非課税です。詳しくは、厚生労働省ホームページ（https://www.mhlw.go.jp/nenkinkyuufukin/）をご覧ください。
　年金生活者支援給付金に関する電話での問い合わせは、日本年金機構の「ねんきんダイヤル」（0570-05-1165）へ。

個人事業のまま
保険料を
節約する方法

国民年金保険料を
節約する方法

　第3章では、個人事業主・フリーランスなどが払う保険料（国民年金保険料および国民健康保険料）を節約する方法についてみていきます。

　また、所得が減ったなどの理由で保険料が払えなくなったときの対処法についても確認しておきましょう。

国民年金保険料は1人月額16,540円

　2020年度の国民年金保険料は、1人あたり月額16,540円です。2021年度は月額16,610円になります。

　夫婦ともに20歳以上60歳未満で国内居住なら、2人とも60歳まで国民年金保険料が年間約20万円かかることとなります。

例 ともに40歳になったばかりの夫婦の場合
今後60歳までの20年間で2人分合計約800万円（約20万円×2人分×20年）がかかる。

保険料を節約するには？

（1）早割

　国民年金保険料の納期限は翌月末です。これを**当月末・口座振替払い**
とすると、1人あたり月額50円（年間600円）割引されます。

（2）前納割引

　国民年金保険料を毎月納めるのでなく、**まとめて前払いすると保険料が割引になります（6か月前納、1年前納、または2年前納）。**

　2年前納・口座振替払いなら、2年度分保険料が1人あたり15,840円割引され、保険料が最も節約できます。

　2年前納・現金払いまたはクレジットカード払いなら、2年度分保険料が1人あたり14,590円割引されます。（以上、ともに、2020年度分・2021年度分保険料を前納する場合）

国民年金保険料口座振替納付（変更）申出書（記入例）

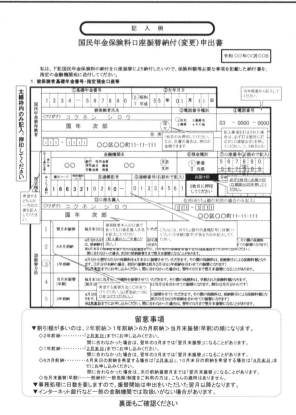

（1）（2）の手続きは預貯金口座をお持ちの金融機関または年金事務所に「口座振替納付申出書」を提出します。年金事務所に郵送することもできます。口座振替納付申出書は、日本年金機構ホームページ（https://www.nenkin.go.jp）でダウンロードすることもできます。

　なお、2年前納した保険料の社会保険料控除については、次のいずれかを選択して申告します。

①全額納めた年に控除する方法
②各年分の保険料に相当する額を各年に控除する方法

払えなくなったときはどうするか？

　所得が減るなどして国民年金保険料を払えないときは、要件を満たせば、保険料の免除など（28ページ）が認められます。

　免除などの制度内容や申請手続きについてわからないところがある場合は、お住まいの市区役所・町村役場の国民年金担当窓口またはお近くの年金事務所にてお問合せ・ご相談ください。

●臨時特例手続きが開始された（2020年5月〜）

　2020年5月1日から、**新型コロナウイルス感染症の影響により国民年金保険料の納付が困難となった場合の臨時特例手続き**が開始されました。

　次の2点をいずれも満たす人は、臨時特例措置として本人申告の所得見込額を用いた簡易な手続きにより、免除などの申請をできるようになりました。

①2020年2月以降に、新型コロナウイルス感染症の影響により収入が
　減少した
②2020年2月以降の所得などの状況からみて、当年中の所得の見込
　みが、現行の国民年金保険料の免除などに該当する水準になること
　が見込まれる

　申請書は必要な添付書類とともに、お住いの市区役所・町村役場また
はお近くの年金事務所へ郵送するなどして提出します。
　申請書や所得の申立書は日本年金機構ホームページでダウンロードす
ることもできます。

簡易な所得見込額の申立書（臨時特例用）記入例

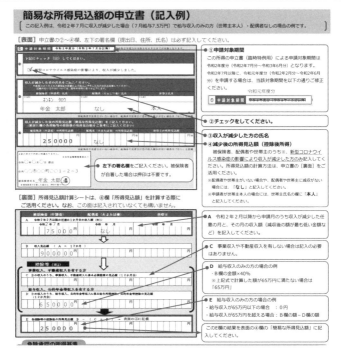

出典：厚生労働省 日本年金機構ホームページ

国民年金保険料未納のままにすべきでない理由（まとめ）

　これまで解説したように、国民年金保険料を未納のままにせず、免除などの手続きをしておくべき理由は、次のようにまとめられます。

- 老齢基礎年金の受給資格期間（10年以上）にカウントされる。
- 免除期間は老齢基礎年金額に一部反映され、老齢基礎年金額が増える。
- 要件を満たせば、障害基礎年金・遺族基礎年金も支給される。
- 免除期間も寡婦年金・死亡一時金の額に一部反映される。
- 後で余裕ができたときに、10年以内の免除等期間について遡って追納すると、老齢基礎年金の額を増やせる。

　反対に、国民年金保険料を未納のまま放置し、督促状の指定期限を超えると、延滞金がかかります。一定の所得がありながら長期間滞納している場合、強制徴収（差し押さえ）が行われます。

免除等期間と基礎年金の関係（2009年4月以降の場合）

▌免除されると将来の年金は ───

	老齢基礎年金		障害基礎年金 遺族基礎年金
	年金の受取資格	年金額	年金の受取資格
全額免除	○	8分の4	○
3/4免除	○	8分の5	○
半額免除	○	8分の6	○
1/4免除	○	8分の7	○
納付猶予	○	✗	○
学生納付特例	○	✗	○
保険料未納	✗		✗

(!) ご注意ください！
一部免除の期間中、必要な保険料を納めないと「未納」とみなされ、年金を受け取れなくなったり、年金額が減ったりします。

出典：国民年金「免除・猶予制度」厚生労働省　日本年金機構より抜粋

国民健康保険料を
節約する方法

国民健康保険料は市区町村によって異なる

　国民健康保険料の額は、市区町村によって異なります（国民健康保険税として納めるところもあります）。

　国民健康保険料は世帯ごとに、加入する人の所得および人数を基に計算されます（所得に応じた保険料を**所得割**、人数に応じた保険料を**均等割**といいます）。そのほかに世帯ごとに、定額の保険料（**平等割**）がかかる市区町村もあります。

　40歳以上65歳未満の人については、**介護保険料**もかかります。

　会社員が入る健康保険にあるような被扶養者制度は、国民健康保険にはありません。

　したがって、本人だけでなく**同一世帯の配偶者・子・親など（会社の健康保険などに入っていない人に限る）**についても、**国民健康保険料がかかります。**

国民健康保険料には上限額がある

　国民健康保険料（介護保険料を含む）の上限額は、年間99万円です（2020年現在）。

　例　東京都のある区に住んでいる世帯の年間国民健康保険料（2020年度・40歳以上65歳未満の人の介護保険料も含む）。

第**3**章　個人事業のまま保険料を節約する方法

年齢（所得）	家族（所得）	保険料（2020年度）
35歳（300万円）	独　身	326,471円
42歳（480万円）	配偶者40歳（所得なし）／子2人〔10歳・8歳〕	799,140円
45歳（600万円）	配偶者42歳（所得なし）／子1人〔16歳〕	890,340円
50歳（735万円）	配偶者48歳（所得なし）	990,000円（上限額）

　都道府県・市区町村が運営する国民健康保険には、個人事業主・フリーランスだけでなく、学生、無職の人なども入るため、所得が一定額以上になると保険料が高くなります。

　所得がいくらになると国民健康保険料が上限額となるかは、市区町村によって異なります。もっと少ない所得で国民健康保険料が上限に達する市町村もあります（市区町村によっては、上限額が99万円未満のところもあります）。

節約する方法：国民健康保険組合に加入する

　国民健康保険には、都道府県・市区町村が運営するもののほか、国民健康保険組合（54ページ）が運営するものもあり、所得によらず保険料が定額の国民健康保険組合もあります。

文芸美術国民健康保険組合（2020年度保険料）

例　組合員　　　　　　1人月額19,900円
　　家　族　　　　　　1人月額10,600円
　　介護保険料（40歳以上65歳未満）
　　　　　　　　　　　1人月額4,300円
　　支払方法　　　　　口座振替
　　支払回数　　　　　6回、4回、2回、または1回（年に一度）

国民健康保険組合に入れる人で所得が一定額以上の場合、国民健康保険組合に入る方が、保険料が安くなることがあります。

　加入を検討する場合は、保険料以外にかかる費用（組合費など）の有無や金額も確認しましょう。

払えなくなったときはどうするか？

　所得が減るなどして国民健康保険料を払えないときは、状況によっては、**保険料の一部または全部の減免や徴収猶予の対象となる**ことがあります。

　新型コロナウイルス感染症の影響から所得が減少し、保険料の納付が困難となったときなども、要件を満たせば対象になりえます。

　申請をしたいときは、市区町村の国民健康保険担当窓口（国民健康保険組合加入の人は国民健康保険組合）に事情を伝えて相談してみましょう。

　申請手続き、制度の内容、認められる要件などをホームページで公開している市区町村・国民健康保険組合もありますので、あらかじめ確認してから相談するとよいでしょう。

　なお、国民健康保険に入っている人および世帯主の合計所得が一定額以下の場合は、均等割額・平等割額が7割、5割、または2割軽減される制度もあります。

　この保険料軽減についての申請は不要で、合計所得が基準額以下であれば自動的に適用されます（国民健康保険に入っている人全員および世帯主の所得が申告されている場合）。

　不明な点は、市区町村の国民健康保険担当窓口にご照会ください。

第4章

個人事業＋ミニマム法人とはどんな方法か?

個人事業+ミニマム法人とはどんなものか?

　事業者は一般に、①個人事業、②法人（会社）のいずれかの形で事業を行っているケースが多いです。

　しかし、それ以外に、③「個人事業+ミニマム法人」という形で事業を行うこともできます。

ミニマム法人とは最小限の法人（会社）のこと

　「個人事業+ミニマム法人」とは、**個人事業を行いながら、同時にミニマム法人でも別の事業を行うというものです**。「ミニマム法人」とは、**最小限の小さな法人**のことです。

　「個人事業+ミニマム法人」化の具体的なステップは、次のようになります。

「個人事業+ミニマム法人」化の具体的なステップ

①個人事業を複数の業種の事業に分ける（または新たな業種の事業を始める）

②一部の事業のみを法人化する

③法人から受ける役員報酬月額を低額に抑える

例1 飲食業とコンサルティング業というように複数の業種の事業を個人で
行っている人の場合

事業のすべてを法人化するのではなく、複数の事業のうちの一部の
事業（例えばコンサルティング業）のみを法人化します。そして、コン
サルティング業を営む法人の代表者となります。そうすることで、

「個人事業（飲食業およびコンサルティング業）の代表者」という立
場から、
「個人事業（飲食業）の代表者」兼「法人（コンサルティング業）の
代表者」という立場に変わります。

例2 1つの事業（例えば飲食業）のみを個人事業で行っている人の場合

新たに別の業種の事業（例えばコンサルティング業）も個人事業で
行います。そして、コンサルティング業を営む法人を設立して代表者と
なります。
そうすることで、
「個人事業（飲食業）の代表者」　という立場から、
「個人事業（飲食業）の代表者」兼「法人（コンサルティング業）の
代表者」という立場に変わります。

　例1、例2のいずれであっても、すべての個人事業を法人化、つまり、
すべての個人事業を廃止して法人化するのではなく、**個人事業の一部を
残したまま法人で別事業を行う形**となります。

　このようにして、事業を個人事業と法人に分けます。

　そして、個人事業の代表者が法人の代表者も兼ねます。

　法人から給与を受けるのは、原則として代表者のみとします。

　また、法人から代表者が受ける役員給与月額は6〜11万円程度の低額
に抑えることとします^(注)。

（注）扶養親族等の数が0人の場合、給与月額88,000円以上とすると、給与支給時に源泉所得税
　　を天引きする手間がかかります。

「個人事業＋法人」という形で、法人から給与を受ける人の数や給与額が最低限の状態を、本書では「個人事業＋ミニマム法人」と呼ぶこととします。

法人から給与を受ける人（役員または従業員）を増やすとしても、**配偶者や同居の親族のみとし、それ以外の従業員は法人では雇わない**のが基本です。

配偶者や同居の親族が法人から給与を受ける場合でも、給与月額は低額（6〜10万円程度以下）とするのが基本です。

もちろん、いま行っている個人事業とは別に、新たな業種の事業を最初から法人で行っても「個人事業＋ミニマム法人」の形となります。

しかし、新たな業種の事業でいきなり法人を設立するのではなく、最低限の役員給与や会社負担分の社会保険料、事業にかかる経費をまかなえるだけの売上をその事業で確実に上げていけることを確認してから、法人化するのが一般的にはよいでしょう。

なぜ、何のためにミニマム法人を作るのか、そこにどんなメリットがあるのかは、次節以降で詳しく説明します。

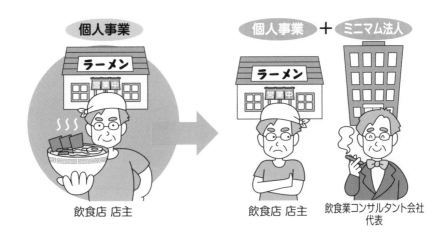

個人事業＋ミニマム法人だと
年金・社会保険はどうなるか?

　個人事業主・フリーランスの人（個人事業のみを行っている人）は、年金は国民年金に入り、医療保険は国民健康保険に入ります。

　国民年金には20歳以上60歳未満の間、入るのが原則です。国民健康保険には最高75歳になるまで入ります。

　個人事業のみを行っている状態のままですと、個人事業主・フリーランスご本人は、会社員が入る厚生年金と健康保険には入れません。

法人の代表者・役員になるとどうなるか?

　しかし、法人の代表者（または役員）になって法人経営に従事し、法人から給与を受けると、法人で厚生年金・健康保険に入ることとなります。

　ですから、すべての個人事業を法人化して法人代表者となり、法人から給与を受けると、**国民年金・国民健康保険加入から厚生年金・健康保険加入に変わります。**

　厚生年金には最高70歳になるまで、健康保険には最高75歳になるまで入ります。

個人事業＋ミニマム法人の形でも厚生年金に入れる

　すべての個人事業を法人化するのではなく、個人事業の一部のみを法人化してミニマム法人を設立する「個人事業＋ミニマム法人」の形をとると、どうなるでしょうか。

年金・医療保険と適用対象

対象者	年金保険	医療保険
法人代表者・役員、会社員	厚生年金	健康保険
個人事業主・フリーランス	国民年金	国民健康保険
個人事業＋ミニマム法人	厚生年金	健康保険

　「個人事業の代表者兼法人代表者」は、法人代表者として法人から給与を受けているのであれば、法人で厚生年金・健康保険に入ることとなります。

　したがって、この場合も、国民年金・国民健康保険加入から厚生年金・健康保険加入に変わります。

　やはり、厚生年金には最高70歳になるまで入ります。健康保険には最高75歳になるまで入ります。そして、「個人事業の代表者」の立場で国民年金・国民健康保険に入る必要は、なくなります。

　法人から受ける給与が少なく、個人事業で高額の所得があったとしても、法人代表者・役員として法人経営に従事している人は、法人で厚生年金・健康保険に入り、個人で国民年金・国民健康保険に入る必要はありません。

> 例　個人事業で製造業（年間所得300万円）と小売業（年間所得120万円）を営んでいるBさんが、小売業を営む法人を設立して法人代表者となり、法人から給与を受ける。個人事業で引き続き製造業を営む。

　この場合Bさんは、小売業を営む法人で厚生年金・健康保険に入るべきこととなります。

個人事業+ミニマム法人はどんな形があるか?

　「個人事業+ミニマム法人」という形は、年金・社会保険の専門家(社会保険労務士)や税金の専門家(税理士)の世界では古くからよく使われているものです。

よくある事例

- 社会保険労務士(個人事業の代表者)が、別途、経営コンサルティング事業を行うミニマム法人を設立して、法人代表者にもなる。
- 税理士(個人事業の代表者)が、別途、経営コンサルティング事業を行うミニマム法人を設立して、法人代表者にもなる。

　しかし、「個人事業+ミニマム法人」という形は、これらの専門家しか使えないわけではありません。現在どのような事業を個人で行っている人でも、使える可能性があります。

ミニマム法人では個人事業と別業種の事業を行う

　ミニマム法人で行う事業も、個人で行い続ける事業と別業種の事業であれば特に制限はありません。
　コンサルティング事業、オンラインセミナー事業、ネット通販事業などなら、小さくスタートしやすいでしょう。

●ミニマム法人で行う主な事業の例

　個人事業で行い続ける事業とは異なる次のような事業を、法人で、同業者や一般顧客向けに行う。

- インターネット集客、営業、後継者育成、事業承継、M＆A、人材育成・教育などのコンサルティング事業
- 個人輸入講座、楽器演奏講座など得意分野のオンラインセミナー事業
- HP作成・更新、PPC広告設定運用代行、YouTube動画作成・編集代行、DM、ホームページ、SNS、チラシ企画・制作、メルマガライティングなどの集客代行業
- 営業、給与計算などの代行業
- 各種機器レンタル業
- ネット通販事業
- アフィリエイト事業
  など

分けるべき正当な目的・経済的合理性が必要

　ミニマム法人では、**個人事業とは別業種の事業を行うのが原則**ですが、例外的に、複数の事業がまったく異なる業種ではなくても、各事業ごとに損益管理を行うことで今後重点を置くべき事業を見極めたい、各事業ごとに分ける方が経理管理がしやすいなど、**事業ごとに個人事業・法人に分けるべき正当な目的・経済的合理性がある**のであれば、活用できるケースもあります。

　ただし、税負担を不当に減少させる結果となると、**税務署の調査の際に否認される可能性**がありますので、そのようなことにならないよう特に注意しましょう。

個人事業＋
ミニマム法人にする
メリットとは?

65歳からの老齢年金の額を増やすことができる

老齢基礎年金に老齢厚生年金が上乗せされる

老齢基礎年金の受給資格期間（10年以上）を満たしている人は、65歳から老齢基礎年金をもらえます。

例1 20歳以上50歳未満の30年（360か月）国民年金に入り保険料を納めたCさん（20歳未満の厚生年金加入期間はない）が、50歳以上60歳未満の10年（120か月）も国民年金に入って保険料を納めると、65歳から満額の老齢基礎年金（2020年度は781,700円）をもらえます。

老齢基礎年金をもらえる人が、厚生年金にひと月でも入っていれば、65歳から老齢基礎年金だけでなく、老齢厚生年金ももらえます。

例2 上記Cさんが、50歳以上60歳未満の10年（120か月）を厚生年金に入ると、20歳以上60歳未満の間、国民年金の保険料納付済期間が30年（360か月）、厚生年金に入った期間が10年（120か月）となります。したがって、Cさんは65歳からやはり満額の老齢基礎年金をもらえます。
老齢基礎年金額＝満額の老齢基礎年金×（360か月＋120か月）／480か月＝781,700円

このように、**20歳以上60歳未満の間に厚生年金に入った期間も、老齢基礎年金額に反映されます**。さらにCさんは、10年間の厚生年金加入記録に応じて、65歳から老齢厚生年金ももらえます。**老齢厚生年金は、老齢基礎年金と同じく一生涯もらえます**。

老齢厚生年金には2つの部分がある

老齢厚生年金は下図のように、「報酬比例部分」と「経過的加算部分」
に分かれています。

65歳からの年金

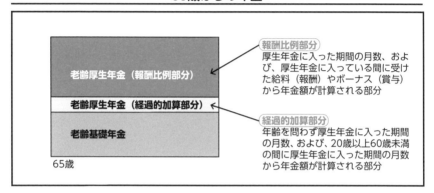

老齢厚生年金（報酬比例部分）

報酬比例部分
厚生年金に入った期間の月数、および、厚生年金に入っている間に受けた給料（報酬）やボーナス（賞与）から年金額が計算される部分

老齢厚生年金（経過的加算部分）

経過的加算部分
年齢を問わず厚生年金に入った期間の月数、および、20歳以上60歳未満の間に厚生年金に入った期間の月数から年金額が計算される部分

老齢基礎年金

65歳

老齢厚生年金（報酬比例部分）はいくらになるか？

もらえる老齢厚生年金（報酬比例部分）の年金額は、原則として次の
通りです（厚生年金に入った期間が2003年4月以降のみの場合）。

> 老齢厚生年金（報酬比例部分）の年金額＝
> 　平均標準報酬額[注]×5.481/1000×厚生年金加入期間の月数

注）平均標準報酬額：「厚生年金に入った期間に受けた報酬月額（厚生年金の「標準報酬月額」）および賞与額（厚生年金の「標準賞与額」）を現在の水準に再評価したものの総額」を「厚生年金に入った期間の月数」で割った額
　　標準報酬月額：会社から受ける報酬月額を区切りのよい幅で区分したもの
　　標準賞与額：その月に受けた賞与額の千円未満を切り捨てたもの
　　報酬：会社から労働の対償として受ける全てのものをいう。ただし、臨時に受けるものおよび3月を超える期間ごとに受けるものを除く。
　　賞与：会社から労働の対償として受ける全てのもののうち、3月を超える期間ごとに受けるものをいう。

報酬月額と標準報酬月額（全国健康保険協会　東京・2020年9月分〜）

令和2年9月分（10月納付分）からの健康保険・厚生年金保険の保険料額表

・健康保険料率：令和2年3月分〜　適用　　・厚生年金保険料率：令和2年9月分〜　適用
・介護保険料率：令和2年3月分〜　適用　　・子ども・子育て拠出金率：令和2年4月分〜　適用

（東京都）　　　　　　　　　　　　　　　　　　　　　　　　　　　　　　　　　　　　　　　（単位：円）

標準報酬		報酬月額		全国健康保険協会管掌健康保険料				厚生年金保険料（厚生年金保険加入員を除く）	
				介護保険第2号被保険者に該当しない場合		介護保険第2号被保険者に該当する場合		一般・坑内員・船員	
等級	月額			9.87%		11.66%		18.300%※	
		円以上	円未満	全額	折半額	全額	折半額	全額	折半額
1	58,000	～	63,000	5,724.6	2,862.3	6,762.8	3,381.4		
2	68,000	63,000 ～	73,000	6,711.6	3,355.8	7,928.8	3,964.4		
3	78,000	73,000 ～	83,000	7,698.6	3,849.3	9,094.8	4,547.4		
4(1)	88,000	83,000 ～	93,000	8,685.6	4,342.8	10,260.8	5,130.4	16,104.00	8,052.00
5(2)	98,000	93,000 ～	101,000	9,672.6	4,836.3	11,426.8	5,713.4	17,934.00	8,967.00
6(3)	104,000	101,000 ～	107,000	10,264.8	5,132.4	12,126.4	6,063.2	19,032.00	9,516.00
7(4)	110,000	107,000 ～	114,000	10,857.0	5,428.5	12,826.0	6,413.0	20,130.00	10,065.00
8(5)	118,000	114,000 ～	122,000	11,646.6	5,823.3	13,758.8	6,879.4	21,594.00	10,797.00
9(6)	126,000	122,000 ～	130,000	12,436.2	6,218.1	14,691.6	7,345.8	23,058.00	11,529.00
10(7)	134,000	130,000 ～	138,000	13,225.8	6,612.9	15,624.4	7,812.2	24,522.00	12,261.00
11(8)	142,000	138,000 ～	146,000	14,015.4	7,007.7	16,557.2	8,278.6	25,986.00	12,993.00
12(9)	150,000	146,000 ～	155,000	14,805.0	7,402.5	17,490.0	8,745.0	27,450.00	13,725.00
13(10)	160,000	155,000 ～	165,000	15,792.0	7,896.0	18,656.0	9,328.0	29,280.00	14,640.00
14(11)	170,000	165,000 ～	175,000	16,779.0	8,389.5	19,822.0	9,911.0	31,110.00	15,555.00
15(12)	180,000	175,000 ～	185,000	17,766.0	8,883.0	20,988.0	10,494.0	32,940.00	16,470.00
16(13)	190,000	185,000 ～	195,000	18,753.0	9,376.5	22,154.0	11,077.0	34,770.00	17,385.00
17(14)	200,000	195,000 ～	210,000	19,740.0	9,870.0	23,320.0	11,660.0	36,600.00	18,300.00
18(15)	220,000	210,000 ～	230,000	21,714.0	10,857.0	25,652.0	12,826.0	40,260.00	20,130.00
19(16)	240,000	230,000 ～	250,000	23,688.0	11,844.0	27,984.0	13,992.0	43,920.00	21,960.00
20(17)	260,000	250,000 ～	270,000	25,662.0	12,831.0	30,316.0	15,158.0	47,580.00	23,790.00
21(18)	280,000	270,000 ～	290,000	27,636.0	13,818.0	32,648.0	16,324.0	51,240.00	25,620.00
22(19)	300,000	290,000 ～	310,000	29,610.0	14,805.0	34,980.0	17,490.0	54,900.00	27,450.00
23(20)	320,000	310,000 ～	330,000	31,584.0	15,792.0	37,312.0	18,656.0	58,560.00	29,280.00
24(21)	340,000	330,000 ～	350,000	33,558.0	16,779.0	39,644.0	19,822.0	62,220.00	31,110.00
25(22)	360,000	350,000 ～	370,000	35,532.0	17,766.0	41,976.0	20,988.0	65,880.00	32,940.00
26(23)	380,000	370,000 ～	395,000	37,506.0	18,753.0	44,308.0	22,154.0	69,540.00	34,770.00
27(24)	410,000	395,000 ～	425,000	40,467.0	20,233.5	47,806.0	23,903.0	75,030.00	37,515.00
28(25)	440,000	425,000 ～	455,000	43,428.0	21,714.0	51,304.0	25,652.0	80,520.00	40,260.00
29(26)	470,000	455,000 ～	485,000	46,389.0	23,194.5	54,802.0	27,401.0	86,010.00	43,005.00
30(27)	500,000	485,000 ～	515,000	49,350.0	24,675.0	58,300.0	29,150.0	91,500.00	45,750.00
31(28)	530,000	515,000 ～	545,000	52,311.0	26,155.5	61,798.0	30,899.0	96,990.00	48,495.00
32(29)	560,000	545,000 ～	575,000	55,272.0	27,636.0	65,296.0	32,648.0	102,480.00	51,240.00
33(30)	590,000	575,000 ～	605,000	58,233.0	29,116.5	68,794.0	34,397.0	107,970.00	53,985.00
34(31)	620,000	605,000 ～	635,000	61,194.0	30,597.0	72,292.0	36,146.0	113,460.00	56,730.00
35(32)	650,000	635,000 ～	665,000	64,155.0	32,077.5	75,790.0	37,895.0	118,950.00	59,475.00
36	680,000	665,000 ～	695,000	67,116.0	33,558.0	79,288.0	39,644.0		
37	710,000	695,000 ～	730,000	70,077.0	35,038.5	82,786.0	41,393.0		
38	750,000	730,000 ～	770,000	74,025.0	37,012.5	87,450.0	43,725.0		
39	790,000	770,000 ～	810,000	77,973.0	38,986.5	92,114.0	46,057.0		
40	830,000	810,000 ～	855,000	81,921.0	40,960.5	96,778.0	48,389.0		
41	880,000	855,000 ～	905,000	86,856.0	43,428.0	102,608.0	51,304.0		
42	930,000	905,000 ～	955,000	91,791.0	45,895.5	108,438.0	54,219.0		
43	980,000	955,000 ～	1,005,000	96,726.0	48,363.0	114,268.0	57,134.0		
44	1,030,000	1,005,000 ～	1,055,000	101,661.0	50,830.5	120,098.0	60,049.0		
45	1,090,000	1,055,000 ～	1,115,000	107,583.0	53,791.5	127,094.0	63,547.0		
46	1,150,000	1,115,000 ～	1,175,000	113,505.0	56,752.5	134,090.0	67,045.0		
47	1,210,000	1,175,000 ～	1,235,000	119,427.0	59,713.5	141,086.0	70,543.0		
48	1,270,000	1,235,000 ～	1,295,000	125,349.0	62,674.5	148,082.0	74,041.0		
49	1,330,000	1,295,000 ～	1,355,000	131,271.0	65,635.5	155,078.0	77,539.0		
50	1,390,000	1,355,000 ～		137,193.0	68,596.5	162,074.0	81,037.0		

※厚生年金基金に加入している方の
厚生年金保険料率は、基金ごとに
定められている免除保険料率
（2.4%〜5.0%）を控除した率となり
ます。

加入する基金ごとに異なりますの
で、免除保険料率および厚生年金
基金の掛金については、加入する
厚生年金基金にお問い合わせ
ください。

◆介護保険第2号被保険者は、40歳から64歳までの方であり、健康保険料率（9.87%）に介護保険料率（1.79%）が加わります。
◆等級欄の（　）内の数字は、厚生年金保険の標準報酬月額等級です。
　4(1)等級の「報酬月額」欄は、厚生年金保険の場合「93,000円未満」と読み替えてください。
　35(32)等級の「報酬月額」欄は、厚生年金保険の場合「635,000円以上」と読み替えてください。
◆令和2年度における全国健康保険協会の任意継続被保険者について、標準報酬月額の上限は、300,000円です。

○被保険者負担分（表の折半額の欄）に円未満の端数がある場合
　①事業主が、給与から被保険者負担分を控除する場合、被保険者負担分の端数が50銭以下の場合は切り捨て、50銭を超える場合は切り上げて1円となります。
　②被保険者が、被保険者負担分を事業主へ現金で支払う場合、被保険者負担分の端数が50銭未満の場合は切り捨て、50銭以上の場合は切り上げて1円となります。
　（注）①、②にかかわらず、事業主と被保険者間で特約がある場合は、特約に基づき端数処理をすることができます。

○納入告知書の保険料額
　納入告知書の保険料額は、被保険者個々の保険料額を合算した金額になります。ただし、合算した金額に円未満の端数がある場合は、その端数を切り捨てた額となります。

○賞与にかかる保険料額
　賞与に係る保険料は、賞与額から1,000円未満の端数を切り捨てた額（標準賞与額）に、保険料率を乗じた額となります。
　また、標準賞与額の上限は、健康保険は年間573万円（毎年4月1日から翌年3月31日までの累計額。）となり、厚生年金保険と子ども・子育て拠出金の場合は
　月額150万円となります。

○子ども・子育て拠出金
　事業主の方は、児童手当の支給に要する費用等の一部として、子ども・子育て拠出金を負担いただくことになります。（被保険者の負担はありません。）
　この子ども・子育て拠出金の額は、被保険者個々の厚生年金保険の標準報酬月額および標準賞与額に、拠出金率（0.36%）を乗じて得た額の総額となります。

例3 Cさんの厚生年金加入期間（10年間）の平均標準報酬額がもし11万円だとしたら、65歳からもらえる老齢厚生年金（報酬比例部分）の年金額は、約7万2千円です。

　　11万円×5.481/1000×120か月＝72,349円（年額）

例4 Cさんが20歳以上60歳未満のうちの10年間だけでなく、さらに60歳以上65歳未満の5年間も厚生年金に入り、全厚生年金加入期間（15年間）の平均標準報酬額がもし11万円だとしたら、65歳からもらえる老齢厚生年金（報酬比例部分）は、約10万9千円に増えます。

　　11万円×5.481/1000×（120か月＋60か月）＝108,524円（年額）

例5 Cさんが、60歳以上70歳未満の10年間も厚生年金に入り、全厚生年金加入期間（20年間）の平均標準報酬額がもし11万円だとしたら、65歳からもらえる老齢厚生年金（報酬比例部分）は約10万9千円ですが、70歳からもらえる老齢厚生年金（報酬比例部分）は、約14万5千円に増えます。

　　11万円×5.481/1000×（120か月＋60か月＋60か月）＝144,698円
　　　　　　　　　　　　　　　　　　　　　　　　　　　　　（年額）

　このように、**低額報酬であっても、厚生年金に長く入れば入るほど老齢厚生年金（報酬比例部分）の年金額は増えます。**

　もちろん、**厚生年金加入期間が同じであれば、平均標準報酬額が多ければ多いほど、この部分の年金額は増えます。**

老齢厚生年金（経過的加算部分）はいくらになるか？

　計算方法は次の通りです（2020年度）。

> **老齢厚生年金（経過的加算部分）＝1,630円×厚生年金加入期間の月数**[注1]**－満額の老齢基礎年金×20歳以上60歳未満の厚生年金加入期間の月数**[注2]**／480か月**

注1）20歳以上60歳未満の間の厚生年金加入期間だけでなく、20歳前や60歳以降の厚生年金加入期間も含んだ月数です。480か月を超えた場合は、480か月として計算されます。

注2）こちらは、（1961年4月1日以降の）20歳以上60歳未満の厚生年金加入期間の月数のみです。
　　1961年4月1日は、拠出制年金制度として国民年金がスタートした日です。
　　「（1961年4月1日以降の）20歳以上60歳未満の厚生年金加入期間の月数」とは、厚生年金に入った期間のうち国民年金からもらえる老齢基礎年金の額に反映される期間、という意味です。

例6 Cさんの厚生年金加入期間が20歳以上60歳未満のうちの10年間のみなら、65歳からもらえる老齢厚生年金（経過的加算部分）は、175円です。

　　1,630円×120か月−781,700円×120か月/480か月
　　＝195,600円−195,425円＝175円

例7 Cさんが、60歳以上65歳未満の5年間もさらに厚生年金に入ると、65歳からもらえる老齢厚生年金（経過的加算部分）は、約9万8千円です。

　　1,630円×（120か月＋60か月）−781,700円×120か月/480か月
　　＝293,400円−195,425円＝97,975円

例8 Cさんが、60歳以上70歳未満の10年間も厚生年金に入ると、65歳からもらえる老齢厚生年金（経過的加算部分）は約9万8千円ですが、70歳からもらえる老齢厚生年金（経過的加算部分）は195,775円に増えます。

　　1,630円×（120か月＋120か月）−781,700円×120か月/480か月
　　＝391,200円−195,425円＝195,775円

─（ ■まとめ ）─────────────────

　60歳以降は厚生年金に入っても、老齢基礎年金額はもう増えません。

　しかし、Cさんのように**20歳以上60歳未満の40年間のうちに厚生年金に入った期間が40年に満たない人が60歳以降も厚生年金に入ると、（20歳前・60歳以降の期間も含めて）厚生年金加入期間が480か月となるまでは、老齢厚生年金（経過的加算部分）の年金額が増えます。**

　老齢厚生年金の「経過的加算部分」は「報酬比例部分」とは違って、厚生年金加入期間の月数が同じであれば、厚生年金に低額収入で入っても、高額報酬で入っても、同じ額だけ増えます。

加給年金額は厚生年金加入20年以上が必要

　厚生年金に入った期間（共済組合加入期間を含む）が20年以上ある人が65歳になったときに、生計を維持している65歳未満の配偶者がいるときは、老齢厚生年金に加給年金額が加算されます^(注)。

　加給年金額は**年額390,900円**です（2020年度。特別加算額を含んだ額。老齢厚生年金を受ける人が1943年4月2日以降生まれの場合）。

　上記の要件で、生計を維持している次のいずれかに該当する未婚の子がいるときも、加給年金額が加算されます^(注)。

- 18歳に達する日以後の最初の3月31日までの間にある子
- 0歳未満で障害等級1級または2級に該当する障害の状態にある子

子の場合の加給年金額

1人目・2人目の子：各224,900円
3人目の子：　　　　各75,000円

　ただし、障害基礎年金と老齢厚生年金を受けている場合は、障害基礎年金に子の加算が付きますので、老齢厚生年金の子についての加給年金額は支給停止されます。

注）65歳になった後に厚生年金加入期間20年以上となった場合は、その後退職したとき、または、70歳になったときに要件を満たす配偶者または子がいれば、加給年金額が加算されます。

　なお、「生計を維持している」とされるのは、配偶者（または子）が老齢厚生年金をもらう人と同一世帯に属し、かつ、配偶者（または子）の年収・所得が原則として次のいずれかに該当する場合です。

- 前年の収入（未確定の場合は前々年の収入）が850万円未満
- 前年の所得（未確定の場合は前々年の所得）が655.5万円未満

例えば、厚生年金に入った期間が20年以上（共済組合加入期間を含む）ある人が65歳から老齢厚生年金をもらえるようになったときに、生計を維持しているちょうど5歳年下（60歳）の配偶者がいれば、**配偶者加給年金額約40万円が5年間にわたって支給されます。**

　配偶者加給年金額は配偶者が65歳になると支給されなくなります。

　したがって、夫婦の年齢差が大きいほど配偶者加給年金の受給総額は多くなります。

　配偶者加給年金額は、厚生年金に入っている間の報酬額とは関係がありません。 ですから、低額報酬で厚生年金に入り続けたとしても、65歳までに厚生年金加入期間が20年以上となるのであれば、65歳から上記の額が支給されます。

　なお、老齢厚生年金に配偶者加給年金額がつく要件を満たしていても、配偶者自身が老齢厚生年金（厚生年金20年以上加入のもの）や障害年金をもらえる間は、配偶者加給年金額は加算されません（ただし、配偶者の年金が全額支給停止となっている間は、加算されます）。

加給年金は配偶者が65歳になると振替加算へ

　配偶者が65歳になると、配偶者自身が老齢基礎年金をもらえるようになります。すると、老齢厚生年金をもらえる人に対してそれまで扶養手当のような意味合いで加算されていた配偶者加給年金額は支給停止になります。

　その代わり、**配偶者自身の老齢基礎年金に「振替加算」という形で一定額が加算されます（配偶者が1966年4月1日以前生まれの場合に限る）。**

　ただし、これから65歳になる妻に支払われる「振替加算」の額は、次ページの図の通り配偶者加給年金額に比べてかなり少なくなります。

振替加算の額（2020年度）

配偶者の生年月日	振替加算の額（年額）
1955年4月2日〜1956年4月1日	51,052円
1956年4月2日〜1957年4月1日	44,980円
1957年4月2日〜1958年4月1日	38,908円
1958年4月2日〜1959年4月1日	33,060円
1959年4月2日〜1960年4月1日	26,988円
1960年4月2日〜1961年4月1日	20,916円
1961年4月2日〜1966年4月1日	15,068円

配偶者加給年金額と振替加算

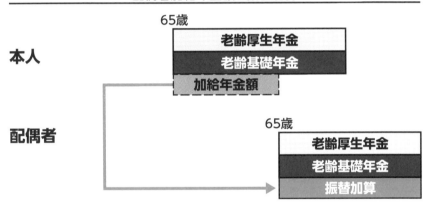

65歳前からもらえる特別支給の老齢厚生年金とは？

　1985年の法改正により、厚生年金の支給開始年齢が60歳から65歳に引き上げられたのに伴い、段階的にスムーズに引き上げるために設けられた制度です。

　老齢基礎年金をもらえる人が厚生年金（共済組合加入期間を含む）に「1年」以上入り、かつ、次のいずれかに該当する場合は、65歳からの老齢基礎年金・老齢厚生年金だけでなく、65歳までの年金（特別支給の老齢厚生年金）ももらえます。

- 1961年4月1日以前生まれの男性
- 1966年4月1日以前生まれの女性

特別支給の老齢厚生年金を何歳からもらえるかは、生年月日・性別によって異なります。^{（注）}

特別支給の老齢厚生年金を何歳からもらえるか

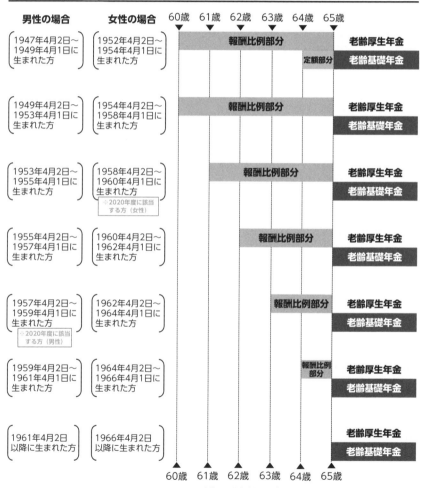

出典：日本年金機構 「老齢年金ガイド　令和2年度版」一部改変

特別支給の老齢厚生年金（報酬比例部分）の計算式は、65歳からの老齢厚生年金（報酬比例部分）の計算式（87ページ）と同じです。

　ただし、特別支給の老齢厚生年金（報酬比例部分）の額を計算する際の厚生年金加入期間には、特別支給の老齢厚生年金をもらえる年齢になった月以降に厚生年金に入った期間は含まれません。

注）生年月日・性別によると特別支給の老齢厚生年金として報酬比例部分のみをもらえる人（1949年4月2日～1961年4月1日に生まれた男性および1954年4月2日～1966年4月1日に生まれた女性）が次のような特例に該当すると、報酬比例部分だけでなく定額部分ももらえます。
　　・障害等級3級以上の障害の状態にあり退職している人が請求した場合
　　・一般企業勤務期間のみで厚生年金に44年以上入った人が退職している場合
など
定額部分の年金額は次の通りです。
　定額部分＝1,630円×厚生年金に入った期間の月数（上限480か月）

厚生年金には最高70歳になるまで入れる

　厚生年金には**最高70歳**になるまで入れます。長く入れば入るほど、老齢厚生年金の額は増えます。

　70歳になっても老齢基礎年金の受給資格期間（10年以上）を満たしていない場合は、満たすまでの間厚生年金に任意加入できる高齢任意加入被保険者制度もあります。

　なお、年金をもらえるようになってから厚生年金に入った記録は、次のタイミングで老齢厚生年金の額に反映されます。

- 特別支給の老齢厚生年金をもらえる年齢になってから厚生年金に入った記録→65歳から反映されます（65歳までに厚生年金加入をやめたときは翌月分の年金から反映されます）。
- 65歳から厚生年金に入った記録→70歳から反映されます（70歳までに厚生年金加入をやめたときは翌月分の年金から反映されます）。

さらに、法改正により2022年度からは、**65歳以降に厚生年金に入った記録は、厚生年金加入中であっても毎年1回10月分から反映されるようになります**（「在職定時改定」）。

在職定時改定の導入について

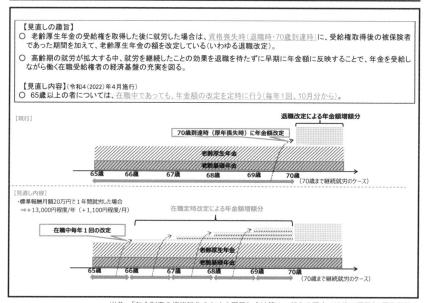

【見直しの趣旨】
○ 老齢厚生年金の受給権を取得した後に就労した場合は、資格喪失時（退職時・70歳到達時）に、受給権取得後の被保険者であった期間を加えて、老齢厚生年金の額を改定している（いわゆる退職改定）。
○ 高齢期の就労が拡大する中、就労を継続したことの効果を退職を待たずに早期に年金額に反映することで、年金を受給しながら働く在職受給権者の経済基盤の充実を図る。

【見直し内容】（令和4（2022）年4月施行）
○ 65歳以上の者については、在職中であっても、年金額の改定を定時に行う（毎年1回、10月分から）。

[現行]

退職改定による年金額増額分

70歳到達時（厚年喪失時）に年金額改定

老齢厚生年金
老齢基礎年金

65歳　66歳　67歳　68歳　69歳　70歳
（70歳まで継続就労のケース）

[見直し内容]

・標準報酬月額20万円で1年間就労した場合
⇒＋13,000円程度/年（＋1,100円程度/月）

在職定時改定による年金額増額分

在職中毎年1回の改定

老齢厚生年金
老齢基礎年金

65歳　66歳　67歳　68歳　69歳　70歳
（70歳まで継続就労のケース）

出典：「年金制度の機能強化のための国民年金法等の一部を改正する法律の概要」 厚生労働省

※なお、老齢厚生年金にも老齢基礎年金と同様の繰下げ（25ページ）・繰上げ（26ページ）制度があります。受給開始年齢（原則65歳）を60歳から75歳の間で選択できます。
　1か月あたりの繰下げ増額率（0.7％）や1か月あたりの繰上げ減額率（2020年度現在0.5％・2022年度から0.4％に引き下げ予定）も、老齢基礎年金と同様です。
　繰下げは老齢基礎年金・老齢厚生年金ともに繰り下げることもできますし、いずれか片方の年金だけ繰り下げることもできます。老齢基礎年金・老齢厚生年金ともに繰り下げる場合は、それぞれの年金について同じ月まで繰り下げることも、違う月まで繰り下げることもできます。
　老齢厚生年金を繰り下げても加給年金額（91ページ）は増額されません。繰下げ待機中は、加給年金額は支給されません。老齢基礎年金を繰り下げても振替加算（92ページ）は増額されません。繰下げ待機中は、振替加算は支給されません。
　老齢厚生年金を（年金支給開始年齢到達月の前月までの間に）繰上げ請求する場合は、老齢基礎年金と併せて繰上げ請求する必要があります。
　なお、65歳までの特別支給の老齢厚生年金は、繰下げも繰上げもできません。

厚生年金には定額給付がこれだけある

　厚生年金には、たとえ低額報酬であっても厚生年金に入ってさえいれば、報酬が高い人と同額をもらえる年金・一時金が少なくありません。それらをまとめると、次のとおりです。

- **経過的加算部分**　老齢厚生年金のうち、厚生年金加入期間の月数および20歳以上60歳未満の厚生年金加入期間の月数のみによって年金額が決まる部分（89ページ）
- **加給年金額**　厚生年金に20年以上入った人が65歳になったときに、生計を維持している65歳未満の配偶者がいる場合などに、老齢厚生年金に加算される扶養手当（配偶者加給年金額は年額約39万円）（91ページ）
- **配偶者加給年金額**　生計を維持している65歳未満の配偶者がいるときに障害厚生年金（1級・2級）に加算される扶養手当（年額約22万円）（102ページ）
- **障害厚生年金3級の最低保障額**　比較的軽い障害に対して支払われる障害厚生年金の最低保障額（年額約59万円）（102ページ）
- **障害手当金の最低保障額**　3級よりも軽い障害に対して支払われる一時金の最低保障額（約117万円）（102ページ）
- **中高齢寡婦加算**　厚生年金加入中などの夫が亡くなったときに、40歳以上65歳未満の未亡人が遺族厚生年金の上乗せとしてもらえる加算（年額約59万円）（108ページ）

　厚生年金に入っている間の報酬・賞与の額（やそれらに基づいて納めた保険料の額）によらない定額のこれらの年金・一時金があるため、高額報酬で厚生年金に入るよりも低額報酬で入る方が、費用対効果（本人や遺族がもらえる年金総額÷本人が納めた保険料総額）が大きくなります。

　これはミニマム法人を作って厚生年金に入る大きなメリットです。

第5章　個人事業＋ミニマム法人にするメリットとは？

傷病手当金や障害厚生年金などが充実する

健康保険には傷病手当金・出産手当金がある

　健康保険には、業務外の病気・けがによる療養のため働けなくなり、会社から給与を受けられないときの所得保障として、傷病手当金があります。

　最長1年6か月にわたって、月給の約3分の2が支給されます。療養のために業務を休んだ日から連続した3日間（待機期間）を除いて、4日目からが支給対象です。

　また、健康保険には、出産前後の一定期間、仕事を休み給料を受けない間の所得保障として、出産手当金があります。

　原則として産前42日（多胎妊娠の場合は98日）産後56日にわたって、月給の約3分の2が支給されます。

　ミニマム法人を作ったとして、代表者・役員であっても報酬を受けていない間は、その他の要件をみたせば、傷病手当金や出産手当金をもらうことができます。

傷病手当金・出産手当金の1日あたりの支給額は、原則として次の通りです。

**1日あたりの支給額＝支給開始月以前の12か月間の標準報酬月額を
平均した額×1/30×2/3**

　例 支給開始月以前の12か月間の標準報酬月額が11万円であれば、1日
あたりの支給額は、2,447円です。
　1日あたりの支給額＝11万円×1/30＝3,670円（10円未満四捨五入）
　3,670円×2/3＝2,447円（1円未満四捨五入）

　ミニマム法人を作り低額報酬で健康保険に入った場合、傷病手当金・出産手当金の1日あたりの支給額は少なくなります。
　しかし、都道府県・市区町村の国民健康保険に入っているとこれらの手当金はないわけですから、手当金制度があることは健康保険に入るメリットといえます。

障害基礎年金だけでなく障害厚生年金ももらえる

　厚生年金に入っている間に初診日のある病気やケガが原因で障害認定日（原則として初診日から1年6か月経った日）に障害等級（障害の程度が重い順に、1級、2級、または3級）に該当すると、障害厚生年金が支給されます。
　障害認定日に障害等級に該当しなくても、その後障害の状態が重くなって障害等級に該当して65歳の誕生日の前々日までに請求したときも、障害厚生年金が支給されます。

国民年金の障害基礎年金は障害等級1級・2級しかありませんが、**障害厚生年金には障害等級1級・2級以外に障害等級3級や、3級よりも軽い一定の障害状態に対する障害手当金（一時金）もあります。**

厚生年金に入っている65歳未満の人は、国民年金の第2号被保険者でもあります。

ですから、**厚生年金に入っている間に初診日がある病気やケガが原因で障害認定日に障害等級1級または2級に該当すれば、障害基礎年金と障害厚生年金の両方をもらえます。**

なお、障害厚生年金や障害手当金も、障害基礎年金と同じく保険料納付要件（57ページ）を満たしていないと支給されません。

障害年金が支給される障害の状態に応じて、法令により障害の程度（障害等級）が定められています。

障害等級と障害の状態

障害等級	障害の状態
1級	他人の介助を受けなければ日常生活のことがほとんどできないほどの障害の状態。身のまわりのことはかろうじてできるものの、それ以上の活動はできない方（または行うことを制限されている方）、入院や在宅介護を必要とし、活動の範囲がベッドの周辺に限られるような方が、1級に相当する。
2級	必ずしも他人の助けを借りる必要はなくても、日常生活は極めて困難で、労働によって収入を得ることができないほどの障害。例えば、家庭内で軽食をつくるなどの軽い活動はできても、それ以上重い活動はできない方（または行うことを制限されている方）、入院や在宅で、活動の範囲が病院内・家屋内に限られるような方が2級に相当する。
3級	労働が著しい制限を受ける、または、労働に著しい制限を加えるような状態。日常生活にはほとんど支障はないが、労働について制限のある方が3級に相当する。

出典：日本年金機構「障害年金ガイド（令和2年度版）」 一部改変

障害等級表

障害等級表　＊身体障害者手帳の等級とは異なります。

障害の状態

障害等級1級

1. 両眼の視力の和が0.04以下のもの
2. 両耳の聴力レベルが100デシベル以上のもの
3. 両上肢の機能に著しい障害を有するもの
4. 両上肢のすべての指を欠くもの
5. 両上肢のすべての指の機能に著しい障害を有するもの
6. 両下肢の機能に著しい障害を有するもの
7. 両下肢を足関節以上で欠くもの
8. 体幹の機能に座っていることができない程度又は立ち上がることができない程度の障害を有するもの
9. 前各号に掲げるもののほか、身体の機能の障害又は長期にわたる安静を必要とする病状が前各号と同程度以上と認められる状態であって、日常生活の用を弁ずることを不能ならしめる程度のもの
10. 精神の障害であって、前各号と同程度以上と認められる程度のもの
11. 身体の機能の障害若しくは病状又は精神の障害が重複する場合であって、その状態が前各号と同程度以上と認められる程度のもの

障害等級2級

1. 両眼の視力の和が0.05以上0.08以下のもの
2. 両耳の聴力レベルが90デシベル以上のもの
3. 平衡機能に著しい障害を有するもの
4. そしゃくの機能を欠くもの
5. 音声又は言語機能に著しい障害を有するもの
6. 両上肢のおや指及びひとさし指を欠くもの
7. 両上肢のおや指及びひとさし指又は中指を欠くもの
8. 一上肢の機能に著しい障害を有するもの
9. 一上肢のすべての指を欠くもの
10. 一上肢のすべての指の機能に著しい障害を有するもの
11. 両下肢のすべての指を欠くもの
12. 一下肢の機能に著しい障害を有するもの
13. 一下肢を足関節以上で欠くもの
14. 体幹の機能に歩くことができない程度の障害を有するもの
15. 前各号に掲げるもののほか、身体の機能の障害又は長期にわたる安静を必要とする病状が前各号と同程度以上と認められる状態であって、日常生活が著しい制限を受けるか、又は日常生活に著しい制限を加えることを必要とする程度のもの
16. 精神の障害であって、前各号と同程度以上と認められる程度のもの
17. 身体の機能の障害若しくは病状又は精神の障害が重複する場合であって、その状態が前各号と同程度以上と認められる程度のもの

（備考）
視力の測定は、万国式試視力表によるものとし、屈折異常があるものについては、矯正視力によって測定する。
国民年金法施行令別表より

障害の状態

障害等級3級（厚生年金のみ）

1. 両眼の視力が0.1以下に減じたもの
2. 両耳の聴力が40センチメートル以上では通常の話声を解することができない程度に減じたもの
3. そしゃく又は言語の機能に相当程度の障害を残すもの
4. 脊柱（せきちゅう）の機能に著しい障害を残すもの
5. 一上肢の三大関節のうち、二関節の用を廃したもの
6. 一下肢の三大関節のうち、二関節の用を廃したもの
7. 長管状骨に偽関節を残し、運動機能に著しい障害を残すもの
8. 一上肢のおや指及びひとさし指を失ったもの又はおや指若しくはひとさし指を併せ一上肢の三指以上を失ったもの
9. おや指及びひとさし指を併せ一上肢の四指の用を廃したもの
10. 一下肢をリスフラン関節以上で失ったもの
11. 両下肢の十趾（し）の用を廃したもの
12. 前各号に掲げるもののほか、身体の機能に、労働が著しい制限を受けるか、又は労働に著しい制限を加えることを必要とする程度の障害を残すもの
13. 精神又は神経系統に、労働が著しい制限を受けるか、又は労働に著しい制限を加えることを必要とする程度の障害を残すもの
14. 傷病が治らないで、身体の機能又は精神若しくは神経系統に、労働が制限を受けるか、又は労働に制限を加えることを必要とする程度の障害を有するものであって、厚生労働大臣が定めるもの

厚生年金保険法施行令別表第1より

障害手当金（厚生年金のみ）

1. 両眼の視力が0.6以下に減じたもの
2. 一眼の視力が0.1以下に減じたもの
3. 両眼のまぶたに著しい欠損を残すもの
4. 両眼による視野が二分の一以上欠損したもの又は両眼の視野が10度以内のもの
5. 両眼の調節機能及び輻輳（ふくそう）機能に著しい障害を残すもの
6. 一耳の聴力が、耳殻に接しなければ大声による話を解することができない程度に減じたもの
7. そしゃく又は言語の機能に障害を残すもの
8. 鼻を欠損し、その機能に著しい障害を残すもの
9. 脊柱の機能に障害を残すもの
10. 一上肢の三大関節のうち、一関節に著しい機能障害を残すもの
11. 一下肢の三大関節のうち、一関節に著しい機能障害を残すもの
12. 一下肢を3センチメートル以上短縮したもの
13. 長管状骨に著しい転位変形を残すもの
14. 一上肢の二指以上を失ったもの
15. 一上肢のひとさし指を失ったもの
16. 一上肢の三指以上の用を廃したもの
17. ひとさし指を併せ一上肢の二指の用を廃したもの
18. 一上肢のおや指の用を廃したもの
19. 一下肢の第一趾又は他の四趾以上を失ったもの
20. 一下肢の五趾の用を廃したもの
21. 前各号に掲げるもののほか、身体の機能に、労働が制限を受けるか、又は労働に制限を加えることを必要とする程度の障害を残すもの
22. 精神又は神経系統に、労働が制限を受けるか、又は労働に制限を加えることを必要とする程度の障害を残すもの

厚生年金保険法施行令別表第2より

出典：日本年金機構「障害年金ガイド（令和2年度版）」　一部改変

第5章 個人事業＋ミニマム法人にするメリットとは？

障害厚生年金や障害手当金はいくらになるか?

　現在国民年金に入っている個人事業主・フリーランスが、**厚生年金に入った直後に初診日のある病気やケガで障害等級に該当した場合も、保険料納付要件を満たしており、支給要件をみたせば、障害厚生年金や障害手当金が支給されます。**

障害厚生年金の額（2020年度）

1級	報酬比例部分の年金×1.25 ＋ 配偶者加給年金額（224,900円）
2級	報酬比例部分の年金 ＋ 配偶者加給年金額（224,900円）
3級	報酬比例部分の年金（最低保障額586,300円）
障害手当金	報酬比例部分の年金×2（最低保障額1,172,600円）

　障害厚生年金の年金額や障害手当金の額は、特別支給の老齢厚生年金（報酬比例部分）や老齢厚生年金（報酬比例部分）と同様の「報酬比例部分の年金」の計算式を用いて算出されます。

　厚生年金加入期間がすべて2003年4月以降の場合の計算式は、次の通りです。

> **報酬比例部分の年金＝平均標準報酬額×5.481/1000×厚生年金加入期間の月数**

　障害等級1級または2級の障害厚生年金受給者に、生計を維持[注]している65歳未満の配偶者がいる場合は、配偶者加給年金額が加算されます。

配偶者が65歳になると配偶者加給年金額は打ち切られ、代わりに振替加算（92ページ）が配偶者の老齢基礎年金に加算されます（配偶者が1966年4月1日以前生まれの場合）。

厚生年金加入期間には300か月の最低保障がある

障害厚生年金（報酬比例部分の年金）を計算する際の厚生年金加入期間の月数は、障害認定日がある月までで計算され、300か月の最低保障があります。

したがって、厚生年金に入った直後に初診日がある病気やケガが原因で障害厚生年金または障害手当金をもらえることとなった場合でも、厚生年金加入期間の月数を300か月として計算されます。

つまり、障害認定月までに厚生年金に25年入ったものとして計算した障害厚生年金・障害手当金をもらえるということです。

例 Dさん（45歳）が厚生年金加入直後に初診日のある病気やケガが原因で障害厚生年金または障害手当金をもらえることとなったら（厚生年金加入期間がすべて2003年4月以降で、平均標準報酬額11万円の場合）。配偶者Eさん40歳、子Fさん16歳は障害等級1・2級に該当しないものとする。

障害等級1級の場合にもらえる年金額

障害基礎年金1級：977,125円＋子の加算224,900円＝1,202,025円
障害厚生年金1級：226,091円※＋配偶者加給年金額224,900円＝450,991円
※報酬比例部分の年金×1.25＝（11万円×5.481/1000×300か月）×1.25＝226,091円

合計年金額：1,653,016円

子Fさんが18歳到達後の最初の3月31日以降は、子の加算224,900円がなくなるため、1,428,116円に。配偶者Eさんが65歳になると配偶者加給年金額224,900円もなくなるので、1,203,216円になる。

障害等級2級の場合にもらえる年金額

障害基礎年金2級：781,700円＋子の加算224,900円＝1,006,600円
障害厚生年金2級：180,873円※＋配偶者加給年金額224,900円＝405,773円
※報酬比例部分の年金＝11万円×5.481/1000×300か月＝180,873円

合計年金額：1,412,373円

子Fさんが18歳到達後の最初の3月31日以降は、子の加算224,900円がなくなるため1,187,473円に。配偶者Eさんが65歳になると配偶者加給年金224,900円もなくなるので、962,573円になる。

障害等級3級の場合にもらえる年金額

障害厚生年金3級
報酬比例部分の年金＝11万円×5.481/1000×300か月＝180,873円
→最低保障額586,300円がもらえる。

障害手当金の支給要件に該当したらもらえる一時金の額

障害手当金（一時金）
報酬比例部分の年金＝180,873円×2＝361,746円
→最低保障額1,172,600円が一時金でもらえる。

厚生年金に入っていない間に初診日がある病気やケガが原因で障害等級に該当しても、障害厚生年金や障害手当金はもらえません。

自営業・フリーランスの場合は障害基礎年金しかないことと比べると、障害厚生年金や障害手当金も準備されるようになることも、厚生年金に入ることによる大きなメリットです。

障害厚生年金・障害手当金では、厚生年金加入期間の月数に300か月の最低保障があります。

障害厚生年金（1級・2級）に付く配偶者加給年金額や障害厚生年金3級・障害手当金の最低保障額は、厚生年金加入中の報酬・賞与の額とは関係がありません。

したがって、低額報酬であっても厚生年金に入るメリットは、障害給付においてもあるといえるでしょう。

※60歳台前半で、老齢年金も障害年金ももらえるときは、両方をもらうことはできません。どちらか一方を選択してもらうこととなります。

※65歳までに障害等級2級以上となった場合、65歳からは、次の3つからもらい方を選べます（引き続き障害等級2級以上の場合）。
　　・老齢基礎年金＋老齢厚生年金
　　・障害基礎年金＋障害厚生年金
　　・障害基礎年金＋老齢厚生年金

※老齢基礎年金、付加年金、老齢厚生年金は雑所得（公的年金等）として課税対象ですが、障害基礎年金、障害厚生年金、障害手当金は非課税です。

※年金をもらえる人は障害手当金をもらえません。

亡くなったときの
遺族年金も増える

遺族厚生年金の支給要件

　次のいずれかに該当する場合は、死亡の当時その人によって生計を維持されていた一定の遺族に、遺族厚生年金が支給されます。

---

①厚生年金に入っている人が亡くなったとき

②厚生年金に入っていた間に初診日がある病気やケガにより、その初診日から5年を経過する前に亡くなったとき

③障害等級1級または2級の障害厚生年金の受給権者が亡くなったとき

④公的年金に入って保険料を納めたか、免除などを受けた期間が合計25年以上あり、そのうち1か月でも厚生年金に入った人が亡くなったとき

　ただし、上記の①または②の場合は、遺族基礎年金と同様の保険料納付要件（60ページ参照）を満たしていないと、遺族厚生年金は支給されません。

　現在国民年金に加入している個人事業主・フリーランスが厚生年金に入った直後に亡くなった場合（上記①に該当）であっても、保険料納付要件を満たしていれば、遺族厚生年金が支給されます。

遺族厚生年金は子のない配偶者ももらえる

遺族厚生年金が支給される遺族・支給順位は次のとおりです。

①配偶者（妻または55歳以上の夫）および子^{（注）}

②（55歳以上の）父母

③孫^{（注）}

④（55歳以上の）祖父母

注）子や孫とは、次のいずれかに該当する未婚の子・孫をいいます。
　・18歳に達する日以後の最初の3月31日までの間にある子・孫
　・20歳未満で障害等級1級または2級に該当する障害の状態にある子・孫

　死亡の当時、死亡した人に生計を維持されていたこれらの人のうち最も優先順位が高い人がもらえます（生計維持要件は、91ページの加給年金額における基準と同じです）。

　上記の通り、遺族厚生年金をもらえる遺族の範囲は遺族基礎年金にくらべて広くなっています。子がいないため遺族基礎年金をもらえない配偶者でも、遺族厚生年金をもらえます。

　ただし、子のいない30歳未満の妻が遺族厚生年金をもらう場合は、5年でもらえなくなります。

　また、55歳以上の夫、父母、または祖父母が遺族厚生年金をもらう場合は、実際にもらえるのは60歳からとなります（ただし、夫が遺族基礎年金をもらえる場合は、60歳前でも遺族厚生年金をもらえます）。

　妻や55歳以上の夫が遺族基礎年金や遺族厚生年金を受け取っている間は、子に遺族基礎年金や遺族厚生年金は支給されません。

遺族厚生年金も加入期間300か月の最低保障がある

　遺族厚生年金額は、特別支給の老齢厚生年金、老齢厚生年金や障害厚生年金と同様の「報酬比例部分の年金」の計算式を用いて計算された額

（亡くなった人の厚生年金加入期間を基礎として計算した額）の3/4となるのが原則です。

　亡くなった人の厚生年金加入期間がすべて2003年4月以降の場合の計算式は、原則として次の通りです。

遺族厚生年金＝報酬比例部分の年金（平均標準報酬額×5.481/1000
×2003年4月以降の厚生年金加入期間の月数）×3/4

　ただし、前ページ①～③の場合は、厚生年金加入期間の月数に300か月の最低保障があります。

　したがって、これまで厚生年金に入ったことがない人が厚生年金に入った直後に亡くなった場合（前ページの①に該当）でも、保険料納付要件を満たしていれば、厚生年金に25年入ったものとして計算した遺族厚生年金が遺族に支給されます。

　残された配偶者または子が遺族基礎年金を受けられる場合は、遺族基礎年金も遺族厚生年金も支給されます。

40歳以上の妻が残されたときは中高齢寡婦加算

　厚生年金に入っている夫や、公的年金に25年以上入ったうち20年以上厚生年金に入ったなどの夫が亡くなった当時、妻が40歳以上65歳未満の場合（または夫死亡当時妻が40歳未満でも、40歳になったときに妻が遺族基礎年金を受けている場合）、妻が受け取る遺族厚生年金には、妻が40歳から65歳になるまでの間「中高齢寡婦加算」（2020年度・年額586,300円）が加算されます。ただし、妻が遺族基礎年金をもらえる間、中高齢寡婦加算は支給停止されます。

　夫の死亡当時40歳未満で子のいない妻がその後40歳になっても、中

高齢寡婦加算は支給されません。

> **例** Gさん（男性・45歳）が厚生年金に入った直後に亡くなり、死亡時にGさんによって生計維持されていた妻Hさん（40歳）と子Iさん（16歳、障害等級1・2級に該当しない）が残された場合（平均標準報酬額11万円）。
> 遺族厚生年金額=11万円×5.481/1000×300か月（最低保障）×3/4=135,655円
> 中高齢寡婦加算586,300円

　残された妻Hさんには、子Iさんが18歳到達後最初の3月31日を迎えるまでの間、年金1,006,600円（遺族基礎年金781,700円+子の加算224,900円）が支給されます。さらに、遺族厚生年金135,655円も支給されます。

　遺族厚生年金は、Hさんが再婚（事実婚を含む）するなどしない限り一生涯支給されます。

　Iさんが18歳到達後最初の3月31日を迎え、遺族基礎年金および子の加算が支給されなくなると、Hさんが受け取る遺族厚生年金にはHさんが65歳になるまでの間、中高齢寡婦加算（586,300円）が加算されます。

　妻Hさんがもらえる年金は、「遺族基礎年金＋子の加算」のみの場合に比べ、65歳までの25年間では総額約1,684万円（約14万円×約2年＋約72万円×約23年）増えることとなります。

　Hさんが90歳で亡くなるとしたら、亡くなるまでの総額では約2,034万円（約14万円×約2年＋約72万円×約23年＋約14万円×25年）増えることとなります。

■まとめ

　遺族基礎年金と違って遺族厚生年金は、子のない配偶者であっても支給対象となります。

　厚生年金に入っている間の死亡などの場合、厚生年金加入期間の月数に300か月の最低保障**があります。**

　中高齢寡婦加算額は亡くなった夫の厚生年金加入中の報酬・賞与の額によらず定額です。

　低額報酬であっても厚生年金に入るメリットは、亡くなった後の遺族保障においても大きいといえるでしょう。

※遺族厚生年金をもらえる人が65歳以上の場合は、老齢基礎年金と遺族厚生年金の両方をもらえます。
　ただし、65歳以上で遺族厚生年金も自身の老齢厚生年金ももらえる場合は、老齢厚生年金が優先して支給され、遺族厚生年金は老齢厚生年金に相当する額まで支給停止となります。
※65歳前に、老齢年金と遺族年金の両方をもらうことはできません。両方の権利がある場合でも、どちらか一方を選択してもらうこととなります。
※遺族基礎年金、遺族厚生年金は非課税です。

高額医療費の自己負担限度額について

　国民健康保険も健康保険も、本人や家族が医療機関にかかったときの自己負担割合は3割です。ただし、小学校就学前の子は2割負担、70歳以上の人は原則2割負担（現役並み所得者は3割負担）です。

　医療費の自己負担額を一部払い戻す高額療養費制度は、国民健康保険にも健康保険にもあり、給付のしくみも基本的に同様です。

　同一月内に同じ医療機関に支払った自己負担額が自己負担限度額を超えたとき、申請により超えた額が「高額療養費」として支給されます（入院時食事療養費や入院時生活療養費の自己負担額などは対象外）。

　同一月内に同一世帯で21,000円以上の自己負担がある人が複数いるときは、それらを合算して、自己負担限度額を超えた額が高額療養費として支給されます（世帯合算）。同一人が同一月内に複数の医療機関にかかり、それぞれの自己負担額が21,000円以上ある場合も同様です（70歳以上の人がいる世帯では算定方法が異なります）。また、同一世帯で診療月以前12か月以内に3回以上高額療養費の支給を受けた場合は、4回目以降は自己負担限度額が下がります（多数回該当世帯の負担軽減）。

　医療費が高額になることが事前にわかっている場合には、保険者に申請し「限度額適用認定証」を発行してもらい、保険証と併せて医療機関に提示すると、1か月（1日から月末まで）の窓口での支払額が自己負担限度額までとなります。

　高額療養費の自己負担限度額は、国民健康保険では所得の多寡によって変わりますが、健康保険では原則標準報酬月額により変わります。

　健康保険では、標準報酬月額が26万円以下（報酬月額27万円未満）の場合、標準報酬月額28万円以上（報酬月額27万円以上）の場合と比べて高額療養費の自己負担限度額が低くなります。

　そのほかにも、医療保険と介護保険の自己負担額の合計額が年間（8月〜翌年7月）の上限額を超えた場合に、超えた額（500円を上回る場合に限る）が支給される「高額医療・高額介護合算制度」もあります。

医療保険・年金の
保険料負担額が減る

　個人事業のみを行っている人は、年金は国民年金に、医療保険は国民健康保険に入ります。

　国民年金保険料・国民健康保険料を一定額以上納めている個人事業主・フリーランスが、「個人事業＋ミニマム法人」の形で事業を行うと、個人事業のみを行う場合と比べて、年金・医療保険の保険料負担額が減ります。

報酬月額・賞与額が低いと社会保険料は安い

　法人から役員給与を受けて経営に従事している代表者・役員は、法人で厚生年金・健康保険に入ります。厚生年金は最高70歳になるまで、健康保険は最高75歳になるまで入ります。

　厚生年金や健康保険の保険料は高いというイメージを持っている人が多いですが、厚生年金保険料・健康保険料は、法人から受けている報酬月額（標準報酬月額）・賞与額（標準賞与額）によって決まります。

　法人から受ける報酬月額・賞与額が低額であれば、これらの保険料は安くなります。

　そして、代表者・役員には厚生年金保険料・健康保険料だけがかかり、国民年金保険料・国民健康保険料を納める必要はありません。

　法人のみの場合でも、「個人事業＋ミニマム法人」の形で事業をしている人でも、法人から役員給与を受けて経営に従事しているのであれば、国民年金保険料・国民健康保険料を納める必要はありません。

会社負担分+本人負担分で健康保険料はどうなる?

例1 40歳以上65歳未満の人が報酬月額11万円(107,000円以上114,000円未満)、賞与なしで健康保険に入ると、健康保険料(会社負担分+本人負担分)は年間130,284円、介護保険料(会社負担分+本人負担分)は年間23,628円、合計153,912円になる(全国健康保険協会・東京都・2020年度の場合)。

例2 40歳以上65歳未満の人が報酬月額6万円(63,000円未満)、賞与なしで健康保険に入ると、健康保険料(会社負担分+本人負担分)は年間68,688円、介護保険料(会社負担分+本人負担分)は年間12,456円、合計81,144円になる(全国健康保険協会・東京都・2020年度の場合)。

このように、法人から低額報酬を受ける人の健康保険料や介護保険料は安くなります。

健康保険には被扶養者制度がある

さらに、国民健康保険とは違い、健康保険には被扶養者制度があります。被扶養者(被扶養配偶者や子など一定の親族^(注1))は、健康保険料負担0円で医療機関にかかることができます(医療機関で払う自己負担額割合は、111ページの通りです)。

被扶養者が何人いても、健康保険料はまったく増えませんから、被扶養者が多いほど健康保険に入るメリットが大きくなります。

注1)健康保険の被扶養者になれる人は、次の通り。
　1.主として被保険者により生計を維持^(注3)している次の人
　(1)直系尊属(父母、祖父母など)
　(2)配偶者(届出をしていないものの、事実上婚姻関係と同様の事情にある人を含む)
　(3)子
　(4)孫
　(5)兄弟姉妹
　2.被保険者と同一の世帯^(注2)に属し、主として被保険者により生計を維持している次の人

(1) 被保険者の3親等内の親族（上記1以外の人）
(2) 届出をしていないものの、事実上婚姻関係と同様の事情にある配偶者の父母および子
(3) (2)の配偶者の死亡した後におけるその父母および子
　　1、2とも後期高齢者医療制度に加入している人（原則75歳以上の人）は除きます。また、2020年4月1日以降、1、2とも、被扶養者となれるのは、次の①または②に該当する人だけです。
　　①日本国内に住所を有する人
　　②日本国内に住所がないものの、外国において留学をする学生、外国に赴任する被保険者に同行する人など、渡航目的その他の事情を考慮して日本国内に生活の基礎があると認められる人

注2）被扶養者認定における「同一の世帯」とは
　　被保険者と住居および家計を共同にすることであり、同一戸籍内にあることは必ずしも必要とせず、また被保険者が必ずしも世帯主であることを必要としないとされています。

注3）被扶養者認定における「生計維持関係」とは
　　生計の基礎を被保険者に置くことをいいます。生計維持関係は、生活の実態等具体的事情を勘案し、次の基準により認定されます。
　　(1) 認定対象者が被保険者と同一の世帯の場合
　　　　認定対象者の年収が130万円未満（60歳以上または障害厚生年金をもらえる程度の障害者の場合は180万円未満）、かつ、原則として被保険者の年収の2分の1未満
　　(2) 認定対象者が同一世帯に属していない場合
　　　　認定対象者の年収が130万円未満（60歳以上または障害厚生年金をもらえる程度の障害者の場合は180万円未満）、かつ、被保険者からの援助による収入額よりも少ない場合

　なお、収入には、給与収入だけでなく、次の収入も含まれます。
　事業収入、不動産収入、利子収入、配当収入、雑収入、年金収入、健康保険の傷病手当金、雇用保険の失業等給付など

　個人事業についての収入額は、その事業遂行のために最低限必要な経費（直接的必要経費）を控除した額とされます。

　また、年収が130万円未満（60歳以上または障害厚生年金をもらえる程度の障害者の場合は180万円未満）であっても、法人役員や従業員（パートタイマー含む）で、健康保険の被保険者となるべき勤務条件で働いている人は、被扶養者ではなく被保険者となります。

ミニマム法人で健康保険に入るとどうなる？

　例えば、東京都のある区に住んでいる、本人42歳（所得480万円）、配偶者40歳（所得0円）、子2人（10歳・8歳）の世帯の年間国民健康保険料（介護保険料を含む）は799,140円です（119ページ・表ⅠA）。

　ところが、本人が報酬月額11万円で健康保険に入ると、年間健康保険料（介護保険料を含む）は153,912円です（119ページ・表ⅠB上段）。

　本人が報酬月額6万円で健康保険に入ると、年間健康保険料（介護保険料を含む）は81,144円です（119ページ・表ⅠB下段）。

配偶者や子2人は被扶養者となれますので、健康保険料はかかりません（年収130万円未満などの要件を満たしている場合）。

　したがって、本人が報酬月額11万円で健康保険に入ると、国民健康保険に入るよりも年間645,228円、世帯の医療保険料が安くなります。

　本人が報酬月額6万円で健康保険に入ると、国民健康保険に入るよりも年間717,996円、世帯の医療保険料が安くなります。

　個人事業の全部を法人化した場合であっても、一部のみを法人化して「個人事業＋ミニマム法人」とした場合であっても、本人が法人から受ける報酬月額・賞与額が同じであれば、本人についてかかる健康保険料（介護保険料を含む）は同じです。

　健康保険に入っている人（被保険者および被扶養者）は、国民健康保険法第6条に定められた「適用除外」（国民健康保険に入れない人）にあたるため、国民健康保険料を納めることはできません。

介護保険料は40歳〜64歳の人だけ

　40歳未満の場合、介護保険料はかかりません。65歳以上の人は介護保険料がかかりますが、年金から天引きされるのが原則です。

　なお、国民健康保険の加入者も健康保険の加入者も、原則75歳から医療保険は後期高齢者医療制度に入ります（2020年度現在、保険料上限額は年間64万円です）。

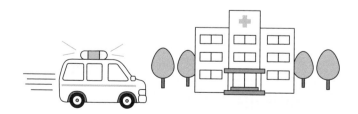

会社負担分+本人負担分で年金保険料はどうなる?

例1 70歳未満の人が報酬月額11万円(107,000円以上114,000円未満)、賞与なしで厚生年金に入ると、厚生年金保険料(会社負担分+本人負担分)は年間241,560円です(2020年度の場合)。

例2 70歳未満の人が報酬月額9万円(93,000円未満)、賞与なしで厚生年金に入ると、厚生年金保険料(会社負担分+本人負担分)は年間193,248円です(2020年度の場合)。

このように、法人から低額報酬を受ける人の厚生年金保険料も安くなります。

特に、報酬月額9万円(93,000円未満)で厚生年金に入ると、本人の年間厚生年金保険料(会社負担分+本人負担分)は、国民年金保険料年間198,480円(16,540円×12か月)よりも安くなります。

なお、健康保険料と違い厚生年金保険料は、報酬月額が93,000円未満であれば同じ額です。

例えば、報酬月額6万円で厚生年金に入っても、本人の厚生年金保険料(会社負担分+本人負担分)は年間193,248円です。

子ども・子育て拠出金もかかる

ただし、厚生年金に加入した人については、子ども・子育て拠出金もかかります(子供がいなくてもかかります)。

子ども・子育て拠出金は全額会社負担で、本人負担分はありません。

例1 70歳未満の人が報酬月額11万円(107,000円以上114,000円未満)、賞与なしで厚生年金に入ると、子ども・子育て拠出金(会社負担分)は年間4,752円です(2020年度の場合)。

例2 70歳未満の人が報酬月額9万円や6万円（93,000円未満）、賞与なしで厚生年金に入ると、子ども・子育て拠出金（会社負担分）は年間3,792円です（2020年度の場合）。

第3号被保険者は年金保険料がかからない

法人代表者・役員などで厚生年金に入っている人は、厚生年金保険料がかかります。

厚生年金に入っている人のうち65歳未満の人は、同時に国民年金の第2号被保険者でもあります（国民年金保険料はかかりません）。

また、国民年金の第2号被保険者の被扶養配偶者（健康保険の被扶養者になれる配偶者）で20歳以上60歳未満の人は、国民年金の第3号被保険者となります。

第3号被保険者については年金保険料がかかりません。第3号被保険者期間は年金保険料負担額0円ですが、配偶者自身が65歳からもらえる老齢基礎年金額に反映されます。

第3号被保険者も要件を満たせば障害基礎年金をもらえますし、第3号被保険者が亡くなったときも要件を満たせば遺族年金が支払われます。

ミニマム法人で厚生年金に入るとどうなる？

例えば、東京都のある区に住んでいる、本人42歳・所得480万円、配偶者40歳・年収0円・子2人（10歳・8歳）の世帯の年間国民年金保険料は396,960円です（月額16,540円×12か月×夫婦2人。119ページ・表ⅠA）。

ところが、本人が報酬月額11万円で厚生年金に入ると、厚生年金保険料（会社負担分＋本人負担分）および子ども・子育て拠出金の合計額は年間246,312円です（119ページ・表ⅠB上段）。

本人が報酬月額9万円や6万円で厚生年金に入ると、厚生年金保険料（会社負担分＋本人負担分）および子ども・子育て拠出金の合計額は年間197,040円です（119ページ・表ⅠB下段）。

　配偶者は国民年金の第3号被保険者となれますので、年金保険料はかかりません。子2人も、年金保険料はかかりません。

　したがって、本人が報酬月額11万円で厚生年金に入ると、国民年金に入るよりも年間150,648円、世帯の年金保険料が安くなります。報酬月額を9万円や6万円にすると、国民年金に入るよりも年間199,920円、世帯の年金保険料が安くなります。

　個人事業の全部を法人化する場合も、個人事業の一部のみを法人化して「個人事業＋ミニマム法人」とする場合も、本人が法人から受ける報酬月額・賞与額が同額であれば、本人についてかかる厚生年金保険料は同じです。

　厚生年金に入っている人は、20歳以上60歳未満で日本に住んでいても、国民年金の第1号被保険者にはなれません（国民年金法第7条第1項）。

　また、厚生年金に入っている人は、国民年金に任意加入することもできません（国民年金法附則第5条、国民年金法平成6年附則第11条）。

　したがって、厚生年金に入っている人が国民年金保険料を納めることはできません。

I 保険料の比較（2020年度）

	所得金額等	①年間年金保険料	②年間医療保険料 （介護保険料を含む）	③合計年間社会保険料 負担額（①＋②）
A 個人事業主 のまま	42歳・年間所得480万円 配偶者あり（40歳、年収・ 所得0円） 子2人（10歳・8歳）	国民年金保険料 396,960円 （198,480円×2人分）	国民健康保険料 799,140円	1,196,100円
B 事業の一部 を法人化 すると	報酬月額11万円 の場合	厚生年金保険料 （子ども・子育て拠出 金を含む） 246,312円	健康保険料 153,912円	400,224円
		（▲150,648円）	（▲645,228円）	（▲795,876円）
	報酬月額6万円 の場合	厚生年金保険料 （子ども・子育て拠出 金を含む） 197,040円	健康保険料 81,144円	278,184円
		（▲199,920円）	（▲717,996円）	（▲917,916円）

Aの①：本人と配偶者が国民年金の第1号被保険者

Aの②：本人・配偶者・子の全員が国民健康保険の被保険者

Bの①：本人のみ厚生年金被保険者（国民年金の第2号被保険者）となり、厚生年金保険料がかかる
配偶者は国民年金の第3号被保険者となり、国民年金保険料も厚生年金保険料もかからない

Bの②：本人のみ健康保険被保険者となり、健康保険料がかかる
配偶者・子は被扶養者となり、健康保険料はかからない

Bの①・②・③の各保険料額は、「会社負担分＋本人負担分」の金額

Ⅱ 税金の比較（2020年）

	所得金額等	①所得税	②個人住民税	③個人事業税	④法人税等	⑤合計年間税額（①②③④の合計）
A 個人事業主 のまま	42歳・年間所得480万円 配偶者あり（40歳、年収・所得0円） 子2人（10歳・8歳）	176,800円	274,300円	127,500円	－	578,600円
B 事業の一部 を法人化 すると	報酬月額11万円の場合	173,700円	271,200円	37,500円	（法人住民税均等割）70,000円	552,400円
		（▲3,100円）	（▲3,100円）	（▲90,000円）	（+70,000円）	（▲26,200円）
	報酬月額6万円の場合	179,700円	277,200円	67,500円	（法人住民税均等割）70,000円	594,400円
		（+2,900円）	（+2,900円）	（▲60,000円）	（+70,000円）	（+15,800円）

・B上段は、年間所得300万円の事業を個人事業として残し、年間所得180万円の事業をミニマム法人として残した場合の試算です。

・B下段は、年間所得360万円の事業を個人事業として残し、年間所得120万円の事業をミニマム法人として残した場合の試算です。

・所得税は、復興特別所得税を含まない金額です。

・個人住民税は、「所得税の課税総所得額×10％」で簡易試算した結果（均等割額を含まない金額）です。実際の負担額とは若干異なります。

・個人事業税は、税率5％で試算しています。
個人事業税の税率は業種により3％、4％、または5％です（個人事業税がかからない業種もあります）。

・青色申告特別控除65万円を適用した試算です。
2020年分から青色申告特別控除が65万円となるのはe-TAXにより電子申告する場合などに限られ、書面による申告の場合では55万円または10万円となります。

・法人税等は法人所得が0円となった場合（法人住民税の均等割7万円のみがかかる場合）の試算です。法人所得が生じた場合は、法人税、法人事業税等がかかります。

・消費税については試算を省略しています。

Ⅲ 給付の比較（2020年度）

	所得金額等	年金：老齢年金（65歳から）	年金：障害年金（本人が障害の場合）	年金：遺族年金（本人が死亡の場合）	傷病手当金	出産手当金	医療保険：月単位の医療費の自己負担限度額
A 個人事業主のまま	42歳男性・年間所得480万円 妻あり（40歳、年収・所得0円）子2人（10歳・8歳）	[本人] 老齢基礎年金 781,700円 [配偶者] 老齢基礎年金 781,700円	[障害等級1級] 障害基礎年金 977,125円 子の加算 449,800円 [障害等級2級] 障害基礎年金 781,700円 子の加算 449,800円	遺族基礎年金 781,700円 子の加算 449,800円 寡婦年金 293,138円（妻60歳～65歳まで支給）	なし	なし	80,100円+（総医療費−267,000円）×1% 4回目以降は44,400円
B 事業の一部を法人化すると	報酬月額11万円の場合（平均標準報酬額11万円と仮定）	[本人] 老齢基礎年金 781,700円 老齢厚生年金（報酬比例部分）180,873円 老齢厚生年金（経過的加算部分）98,150円 加給年金額390,900円（配偶者65歳まで） [配偶者] 老齢基礎年金 781,700円	[障害等級1級] 障害基礎年金 977,125円 子の加算 449,800円 障害厚生年金226,091円 加給年金額24,900円（配偶者65歳まで） [障害等級2級] 障害基礎年金 781,700円 子の加算 449,800円 障害厚生年金180,873円 加給年金額24,900円（配偶者65歳まで） [障害等級3級] 障害厚生年金586,300円（最低保障額） [3級より軽度の障害] 障害手当金1,172,600円（最低保障額）	遺族基礎年金 781,700円 子の加算 449,800円 遺族厚生年金 135,655円 中高齢寡婦加算586,300円（妻65歳まで支給・遺族基礎年金を受給できる間は支給停止）	[本人] 日額 2,447円（最長1年6か月）	[本人] 日額 2,447円	57,600円 4回目以降は44,400円
	報酬月額6万円の場合（平均標準報酬額8.8万円と仮定）	[本人] 老齢基礎年金 781,700円 老齢厚生年金（報酬比例部分）144,698円 老齢厚生年金（経過的加算部分）98,150円 加給年金額390,900円（配偶者65歳まで） [配偶者] 老齢基礎年金 781,700円	[障害等級1級] 障害基礎年金 977,125円 子の加算 449,800円 障害厚生年金180,873円 加給年金額24,900円（配偶者65歳まで） [障害等級2級] 障害基礎年金 781,700円 子の加算 449,800円 障害厚生年金144,698円 加給年金額24,900円（配偶者65歳まで） [障害等級3級] 障害厚生年金586,300円（最低保障額） [3級より軽度の障害] 障害手当金1,172,600円（最低保障額）	遺族基礎年金 781,700円 子の加算 449,800円 遺族厚生年金 108,524円 中高齢寡婦加算586,300円（妻65歳まで支給・遺族基礎年金を受給できる間は支給停止）	[本人] 日額 1,287円（最長1年6か月）	[本人] 日額 1,287円	57,600円 4回目以降は44,400円

Aの寡婦年金やBの老齢厚生年金は、本人が20歳から40歳まで国民年金保険料を納めた後、40歳から65歳まで厚生年金に加入した場合

経営セーフティー共済の積立制度を活用できる

　個人事業主・フリーランスが所得税・住民税を節税しながら、老齢基礎年金の上乗せ、老後資金・退職金などの積立や投資を効率的に行える制度として、第1章で付加年金、国民年金基金、小規模企業共済、個人型確定拠出年金（iDeCo）、つみたてNISAをご紹介しました。

　法人化すると、法人税等や所得税・住民税を節税しながら退職金や老後資金などの積立を効率的に行える制度をより使えるようになります。

　「個人事業＋ミニマム法人」の場合も、ミニマム法人でそれらの制度を使えます。以下にその概要をお伝えします。

退任時に法人から役員退職金をもらえる

　法人の代表者・役員は、退任するときに法人から役員退職金をもらうこともできます。役員退職金を受け取る際は、次の通り退職所得控除額が大きくなります。

退職所得控除額の計算式

勤続年数^{（注）}	退職所得控除額
20年以下	40万円×勤続年数 （80万円に満たない場合は、80万円）
20年超	800万円＋70万円×（勤続年数−20年）

注）勤続年数に1年未満の端数があるときは1年に切り上げます。

　また、役員勤続年数が5年超の場合は「役員退職金の額−退職所得控

除額」の全額ではなく、2分の1が退職所得の金額となります。

さらに、退職所得は他の所得と分離して課税されます。

住民税も所得税と同様に計算した退職所得金額に税率を掛けて算出されます。

以上のように、退職所得は、給与所得に比べて所得税・住民税が少なくなるように優遇されています。

法人が役員退職金を払った場合、不相当に高額な部分の金額（法人税法第34条第2項）を除き、原則損金算入されます。したがって、**法人が支払うべき法人税等も節約できます**（法人に課税所得がある場合）。

なお、在職中の役員給与と違って、**役員退職金には社会保険料（会社負担分および本人負担分）はかかりません。**

退任時（や在任中の死亡時）に会社から役員退職金を支給できるようになることは、法人設立によるメリットの1つです。

例えば、一般的な功績倍率方式に基づいた役員退職金制度を設けた場合なら、在任中の最終報酬月額が10万円であったとしても、30年間法人代表者として働いた人の役員退職金を計算すると900万円近くになります。

最終報酬月額10万円×役員在任年数30年×役位別功績倍率2.9
　　＝870万円（役位別功績倍率は例示）

この場合、他に退職所得扱いとなるものがなければ十分退職所得控除額の範囲内であり、受け取った本人の所得税・住民税負担は増えません。

経営セーフティー共済を役員退職金積立に活用できる

「経営セーフティー共済」（中小企業倒産防止共済）は、小規模企業共済と同じく「独立行政法人中小企業基盤整備機構」が運営しています。

これは取引先が倒産した場合に、そのあおりで自社が連鎖倒産したり経営難に陥ることを防ぐため、毎月掛金を積み立てておくというもので、個人でも法人でも入ることができます。

　「個人事業＋ミニマム法人」の場合、個人で1契約、別途法人で1契約入ることもできます。ただし、入れるのは事業継続1年以上経ってからです。法人が複数ある場合は、各法人が1契約入れます。

　また、個人事業の全部を法人化した場合なら、個人から法人に契約を引き継ぐことができます。

（1）共済掛金の額と積立限度額

　月額5,000円～20万円の間で自由に設定できます（5,000円単位）。法人が払った共済掛金は全額損金算入できますので、法人税等の節税になります（法人に課税所得がある場合）。

　掛金の前納もできます（1年以内の前納掛金も、払い込んだ期の損金に算入できます）。

　掛金は、掛金総額が800万円になるまで積み立てられます。加入後も掛金の増額・減額ができます。

（2）共済金の借入れと一時貸付金

　経営セーフティー共済を契約しておくと、取引先事業者が倒産したことにより売掛金債権等の回収が困難となった場合には、共済金の借入れ（無担保・無保証人）が受けられます。

　借入金の限度額は、被害額と納付した掛金総額の10倍に相当する額とのいずれか少ない額です。借入額は原則、50万円から8,000万円で5万円単位の額となります。取引先事業者が倒産していなくても、臨時に事業資金を必要とする場合に、解約手当金の95％を上限として借入れできる「一時貸付金」もあります。

　任意解約した場合でも、掛金を12か月以上納めていれば掛金総額の8割以上が戻り、40か月以上納めていれば掛金全額が戻ります（12か月未

満は掛け捨てとなります）。

（3）解約手当金を役員退職金に充てれば非課税

　法人が経営セーフティー共済を契約することにより、**将来解約した際に法人が受け取った解約手当金を役員退職金に充てる**こともできます。

　解約手当金（益金）全額を、法人から代表者・役員に支払う役員退職金（損金）に充てれば、法人税等は増えません（役員退職金として不相当に高額な部分の金額がない場合）。

　退職金を受け取った代表者・役員も、退職所得控除のメリット（122ページ参照）を受けられますので、控除額の範囲内であれば所得税・住民税は増えません。

　これに対し、個人事業主・フリーランスではどうでしょうか。経営セーフティー共済掛金を払った際は、事業所得の収入を得るための必要経費に算入できます。しかし、個人事業主・フリーランスは自身や青色事業専従者に対する退職金の必要経費算入が認められていません。解約のタイミングを考えないと、所得税・住民税の増加につながる可能性があります。

　以上、掛金総額800万円までという上限はありますが、「経営セーフティー共済」を法人として契約することで、節税しながら、いざというときのための資金調達準備・退職金積立ができるようになります。

企業型確定拠出年金を
使えるようになる

企業型確定拠出年金(選択制確定拠出年金)とは?

　企業型確定拠出年金(企業型DC)とは企業年金の1つで、企業が支払う掛金は確定しているものの、法人代表者・役員・従業員が将来もらう老齢給付金は運用実績に応じて変わり、いくらもらえるか確定していない、というものです。個人型確定拠出年金(iDeCo)と同じ「確定拠出年金」ですが、掛金は会社が支払います。

　会社が払った掛金は、信託銀行等資産管理機関の個人別の確定拠出年金口座にて管理されます。個人別に管理された掛金をどのような金融商品で運用するかを、法人代表者・役員・従業員が自身の判断で選びます。

　60歳時点で通算加入者等期間が10年以上ある場合なら、60歳から老齢給付金をもらう権利が生じます(老齢給付金をもらい始めるのを最高70歳まで遅らせることができます)。

企業型DCのしくみ

会社が
掛け金を拠出

¥
年金資金

将来の受取額は確定
しておらず、運用次
第で変わる。

本人が
自ら運用を指示

● 法改正により加入期間が延長された

　なお、法改正により、2022年5月からは加入可能年齢の上限が65歳未満から70歳未満に引き上げられます（厚生年金に入っていれば、65歳以上70歳未満の人も加入できるようになります）。

　また、2022年4月からは、**受給開始時期を最高75歳まで遅らせることができる**ようになります。

　個人で加入する個人型確定拠出年金（iDeCo）とは異なり、企業型確定拠出年金は会社単位で加入し、原則として厚生年金に入っている人全員が加入できるものです。

● 選択制企業型確定拠出年金とは？

　この企業型確定拠出年金には、「選択制」といわれるタイプのものもあります。

　これは、代表者・役員や従業員の老後資金準備のための福利厚生制度を企業単位で導入するものの、企業型確定拠出年金を利用するかどうかや掛金額の設定について、代表者・役員・従業員が一人ひとり自由に選べる、というものです。

　ミニマム法人においても、将来従業員を採用したときのための福利厚生制度として準備しておくことで導入できます。

企業型確定拠出年金の税法上の優遇措置

　選択制確定拠出年金を含む企業型確定拠出年金は、（1）法人が掛金を支払ったとき、（2）掛金を運用している間、（3）老齢給付金を受け取ったとき、のいずれにおいても**税法上の優遇措置**を受けることができます。

（1）法人が掛金を支払ったとき

　法人が支払った掛金は全額損金算入されます。また、掛金は本人の給与所得にかかる収入金額に含まれないため、所得税・住民税はかかりま

せん。社会保険料（会社負担分および本人負担分）もかかりません。

　なお、加入者ごとの掛金月額の上限は原則として年額66万円（月額55,000円）です。

> **例** 40歳から60歳までの20年間、毎月5.5万円の選択制確定拠出年金の掛金を法人が払うと、掛金合計は1,320万円となります。
> 掛金月額5.5万円×12か月×20年＝1,320万円

　これに対し、個人型確定拠出年金（iDeCo）の掛金は、所得控除（小規模企業共済等掛金控除）の対象となるに過ぎません。

（2）掛金を運用している間

　運用商品に利息・運用益が生じても非課税となります（個人別管理資産には特別法人税1.173％が課税されることとなっています。ただし、特別法人税の課税は現在凍結が続いています）。

（3）老齢給付金を受け取ったとき

　老齢給付金は、規約の定めるところにより、一時金、年金、または一時金・年金併用で受け取ります。**一時金でもらうと退職所得となります。**

　123ページで述べた通り、退職所得は給与所得に比べて、所得税・住民税負担が軽減されるメリットがあります。

　一方、老齢給付金を年金でもらうと、**雑所得（公的年金等扱い）**となり、公的年金等控除の対象となります。

元本確保型の定期預金や保険商品も選択できる

　確定拠出年金ですから、将来もらえる給付額は確定ではなく運用次第で変わります。

ただ、元本変動型の運用商品（投資信託）の選択に自信がない場合は、利回りは高くないものの**元本を割るリスクがない元本確保型商品（定期預金や保険商品）を選ぶこともできます。**

利息や運用益がほとんど出なかったとしても、毎月5.5万円を役員給与としてもらって税金・社会保険料が引かれた後の手取給与の一部を定期預金などにあてるよりも、有利となります。

また、毎月5.5万円給与月額を上げるのとは異なり、所得税・住民税負担額も増えません。

法人にとっても給与月額を5.5万円上げる場合に比べ、選択制確定拠出年金を導入して月額5.5万円を掛金に充てる場合の方が、社会保険料の会社負担分が不要なだけ会社の経費負担額が少なくなります。

諸費用や注意すべき点を確認すること

一般に、制度の導入時には初期費用がかかりますし、継続費用もかかります。制度導入にあたっては、それらの費用をよく確認しておくことが大切です。

また、**原則60歳までは掛金の引き出しができません。一度入ると原則としてやめられないことにも十分注意が必要です。**

なお、標準報酬月額が下がる程度まで報酬月額を引き下げて、引き下げた分を選択制確定拠出年金の掛金にあてる場合は、将来もらう年金額や傷病手当金・出産手当金などの支給額が減るデメリットがあります。

※2020年度現在、企業型確定拠出年金加入者は規約の定めがないと個人型確定拠出年金（iDeCo）には入れません。
　しかし、法改正により2022年10月以降企業型加入者は、規約の定めがなくても、拠出限度額（月額5.5万円）から事業主掛金を控除した残りの範囲内で個人型にも入れるようになります（個人型の拠出限度額は原則として月額2万円）。
　また、企業型確定拠出年金の会社掛金にプラスして本人が掛金を払う「マッチング拠出」を利用できる場合は、個人型確定拠出年金（iDeCo）との選択が可能になります。

公的年金等控除・国民年金基金・小規模企業共済

公的年金等にかかる課税について

　障害年金や遺族年金は非課税ですが、老齢基礎年金、付加年金、老齢厚生年金、国民年金基金の老齢年金、小規模企業共済の共済金を分割で受け取る場合、個人型確定拠出年金（iDeCo）や企業型DCの老齢給付金を年金で受け取る場合などは、**雑所得として所得税がかかります。**

　公的年金等の収入金額の合計額から公的年金等控除額を差し引いた額が雑所得の額となります。

> 公的年金等に係る雑所得の金額＝（a）×（b）−（c）

公的年金等に係る雑所得の速算表（2020年分以後）

公的年金等に係る雑所得以外の所得に係る合計所得金額が1,000万円以下			
年金を受け取る人の年齢	（a）公的年金等の収入金額の合計額	（b）割合	（c）控除額
65歳未満	（公的年金等の収入金額の合計額が600,000円までの場合は所得金額はゼロとなります。）		
	600,001円から1,299,999円まで	100%	600,000円
	1,300,000円から4,099,999円まで	75%	275,000円
	4,100,000円から7,699,999円まで	85%	685,000円
	7,700,000円から9,999,999円まで	95%	1,455,000円
	10,000,000円以上	100%	1,955,000円
65歳以上	（公的年金等の収入金額の合計額が1,100,000円までの場合は、所得金額はゼロとなります。）		
	1,100,001円から3,299,999円まで	100%	1,100,000円
	3,300,000円から4,099,999円まで	75%	275,000円
	4,100,000円から7,699,999円まで	85%	685,000円
	7,700,000円から9,999,999円まで	95%	1,455,000円
	10,000,000円以上	100%	1,955,000円

公的年金等に係る雑所得以外の所得に係る合計所得金額が1,000万円超2,000万円以下			
年金を受け取る人の年齢	(a) 公的年金等の収入金額の合計額	(b) 割合	(c) 控除額
65歳未満	（公的年金等の収入金額の合計額が500,000円までの場合は所得金額はゼロとなります。）		
	500,001円から1,299,999円まで	100%	500,000円
	1,300,000円から4,099,999円まで	75%	175,000円
	4,100,000円から7,699,999円まで	85%	585,000円
	7,700,000円から9,999,999円まで	95%	1,355,000円
	10,000,000円以上	100%	1,855,000円
65歳以上	（公的年金等の収入金額の合計額が1,000,000円までの場合は、所得金額はゼロとなります。）		
	1,000,001円から3,299,999円まで	100%	1,000,000円
	3,300,000円から4,099,999円まで	75%	175,000円
	4,100,000円から7,699,999円まで	85%	585,000円
	7,700,000円から9,999,999円まで	95%	1,355,000円
	10,000,000円以上	100%	1,855,000円

公的年金等に係る雑所得以外の所得に係る合計所得金額が2,000万円超			
年金を受け取る人の年齢	(a) 公的年金等の収入金額の合計額	(b) 割合	(c) 控除額
65歳未満	（公的年金等の収入金額の合計額が400,000円までの場合は所得金額はゼロとなります。）		
	400,001円から1,299,999円まで	100%	400,000円
	1,300,000円から4,099,999円まで	75%	75,000円
	4,100,000円から7,699,999円まで	85%	485,000円
	7,700,000円から9,999,999円まで	95%	1,255,000円
	10,000,000円以上	100%	1,755,000円
65歳以上	（公的年金等の収入金額の合計額が900,000円までの場合は、所得金額はゼロとなります。）		
	900,001円から3,299,999円まで	100%	900,000円
	3,300,000円から4,099,999円まで	75%	75,000円
	4,100,000円から7,699,999円まで	85%	485,000円
	7,700,000円から9,999,999円まで	95%	1,255,000円
	10,000,000円以上	100%	1,755,000円

出典：国税庁ホームページ

国民年金基金について

　現在、個人で国民年金基金（41ページ）に入っている人もおられるでしょう。

　個人事業の全部を法人化する場合と同様、個人事業の一部を法人化して「個人事業＋ミニマム法人」となった場合も、法人代表者・役員として厚生年金に入ると国民年金の第2号被保険者となります。

　したがって、国民年金の第1号被保険者（および65歳未満の任意加入被保険者）のための上乗せ制度である国民年金基金には入れなくなります。その人の被扶養配偶者（健康保険の被扶養者となれる配偶者）も20歳以上60歳未満であれば国民年金の第3号被保険者となりますので、国民年金基金には入れなくなります。

　ただ、夫婦とも、それまでに払った掛金は掛け捨てにはならず、将来、年金として給付されます。

　国民年金基金加入期間が15年未満の場合は、加入していた国民年金基金に代わって国民年金基金連合会からもらえます（ただし、加入期間が15年未満でも、60歳まで加入していた人や60歳以上で加入した人は加入していた基金からもらえます）。

法人代表者・役員も小規模企業共済に入れる

　小規模企業共済は、法人代表者・役員も入れます。ただし、1人1契約しか入れません。

　したがって、「個人事業＋ミニマム法人」の場合、**個人事業主・フリーランスと、法人代表者・役員の、どちらかでしか入れません。**

　なお、小規模企業共済の掛金は、個人事業主・フリーランスとして入っても法人代表者・役員として入っても、本人の所得から控除（小規模

企業共済等掛金控除）できるというものです。

　事業上の必要経費（個人の場合）や損金（法人の場合）には、算入できません。

　ただ、法人の役員給与改定時期に役員給与を増額し、法人代表者・役員として掛金を納める場合は、役員給与や社会保険料（会社負担分）が損金算入できるため（法人に課税所得がある場合）、法人税等の節減効果も生じます。

　しかし、社会保険料負担額（会社負担分および本人負担分）は増えます。

　個人事業主・フリーランスとしてすでに加入している人が、廃業まで入り続けて共済金Ａ（最も手厚い共済金）をもらった後、法人代表者・役員として加入しなおすことはできます。

　法人代表者・役員として加入して6か月以上掛金を納めた後、次のいずれかに該当した場合は、共済金Ｂ（共済金Ａに次いで手厚い共済金）をもらえます[注]。

- ●病気、ケガの理由により、または65歳以上で退任した
- ●死亡した
- ●老齢給付（65歳以上で180か月以上掛金を払い込んだ人）

注）法人代表者・役員が共済金Ａをもらえるのは法人解散時のみです。

　ちなみに、個人事業の全部を法人化したときは、掛金納付月数の通算（同一人通算）をする手続きができます。この場合、手続きには、税務署に提出した個人事業の廃業届の写しなどが必要です。

ミニマム法人設立の
費用や手間と
注意すべき点

ミニマム法人設立に必要な費用はどれくらいか?

株式会社設立にかかる費用は?

　株式会社を設立するには、**24万円強**の費用がかかります。

　公証役場で支払う定款認証手数料5万円のほか、定款印紙代4万円や登録免除税が原則として15万円必要ですし、その他、定款謄本代・登記事項証明書代・印鑑証明書代などもかかります。

　電子定款認証対応の司法書士や行政書士に手続きを依頼すると定款印紙代4万円が不要となりますが、司法書士や行政書士への報酬が必要になります（報酬額は、司法書士事務所・行政書士事務所により異なります）。

合同会社なら設立費用は安く済む

　しかし、合同会社を設立するのであれば、安い費用でできます。合同会社は持分会社（会社法第575条）の１つで、**出資者が負うのは株式会社と同様に有限責任**となります。近年、合同会社は増え続けており、西友やアマゾンジャパンといった大企業にも合同会社はあります。

　合同会社設立の場合は、定款認証手数料が不要です。定款印紙代4万円、登録免許税が原則6万円、登記事項証明書代、印鑑証明書代などの合計で、**10万円強**で法人設立ができます。

　こちらも電子定款認証対応の司法書士や行政書士に手続きを依頼すると定款印紙代4万円が不要になりますが、報酬の支払いが必要となりま

す。

　インターネット上で格安費用で法人設立業務を請け負う専門家や、必要事項を入力するだけで法人設立の必要書類が作成できるサービスを無料または安価で提供している業者もあります（登記手続きを代行できる専門家は司法書士です）。

　その他、法人の資本金に充てるお金も必要になります。**資本金**は、法人の事業のためにのみ使えるお金です。

　資本金の額は、法人の売上見込みや、法人で使う経費の額、法人から受ける役員給与額などによりますが、**ミニマム法人の場合は少額で済む**ケースが多いでしょう。

赤字でも法人住民税が年7万円かかる

　法人を設立した後、毎年かならずかかる固定費としては**法人住民税（均等割）**があります。これは、**赤字法人であっても年間7万円は必ず負担する**必要があります（資本金1千万円以下、従業者数50人以下、東京都などの場合）。

設立後の手続きなども依頼すると費用がかかる

　法人設立後も様々な届出が必要です。

　届出先は**税務署、地方公共団体（都道府県税事務所・市町村役場など）、日本年金機構（年金事務所）**になります。税理士や社会保険労務士に手続きを頼む場合は費用がかかりますが、具体的な金額は税理士事務所・社会保険労務士事務所により異なります。

　また、法人の帳簿作成・決算書作成・法人税の申告手続き業務などを税理士にお願いする場合も、税理士費用が毎年かかります。

　その場合でも、帳簿の作成や会計ソフトへの入力を自社で行って決算

申告業務のみお願いすれば、費用を節約できるでしょう。

　インターネット上では安価な法人税申告書作成ソフトも販売されています。

保険料節約効果分で費用をまかなえるケースが多い

　現在一定額以上の国民年金保険料および国民健康保険料を支払っている人なら、「個人事業＋ミニマム法人」の形で事業を行うことによって、継続的に社会保険料負担額が減ります。

　法人設立費用や専門家に支払う費用などを、「個人事業＋ミニマム法人」化により毎年生じる年金・医療保険料節約効果でまかなえるのであれば、実質的な費用負担は増えません。

　法人設立の前に、費用負担・社会保険料負担のシミュレーションを行っておくことが重要です。

法人設立や社会保険の手続きにかかる手間は?

　法人設立後の各種届出を税理士や社会保険労務士に依頼せずに自分で行う場合は、その分の手間がかかります。

法人設立ワンストップサービスも始まった

　2020年1月から法人設立後に必要な様々な手続きが一元化され、インターネット上で一度に済ますこともできるようになりました（**法人設立ワンストップサービス**）。まず、2020年1月20日から、国税、地方税、年金など所管の官庁別に5か所に分かれていた手続きをまとめて行えるようになりました。

法人設立ワンストップサービス（マイナポータル）

出典：内閣府

第**6**章　ミニマム法人設立の費用や手間と注意すべき点

政府が開設した専用ウェブサイト「**マイナポータル**」で、マイナンバーカードを使って手続きできます（法人設立ワンストップサービス・操作に関するヘルプデスク　マイナンバー総合フリーダイヤル ℡0120-95-0178）。

　さらに、2021年2月を目途に法務省が所管する定款認証や法人設立登記も追加され、手続きの一元化が完了する予定です。

　あわせて印鑑の届出を不要とする法整備も進められ、**法人設立手続きをすべてネット上でこなせるようになる予定**です。

社会保険の手続きも簡単に電子申請ができる

　法人設立後に必要となる厚生年金・健康保険関係の定型的な手続きについても、2020年4月より「**GビズID**」を利用した電子申請が開始され、簡単に電子申請ができるようになりました（例：右図の日本年金機構サイト参照）。

　「GビズID」とは、1つのアカウントで複数の行政サービスにアクセスできる認証システムです。無料で取得できるアカウントで、電子証明書がなくても電子申請が可能となります。「GビズID」の取得は、「GビズID」ホームページ（https://gbiz-id.go.jp/top/）から行えます。

合同会社なら決算公告や役員の重任登記も不要

　株式会社を設立すると、毎事業年度の決算について決算公告を行う法律上の義務が生じます。また、役員の任期が到来するごとに重任登記が必要となります。しかし、合同会社なら**決算公告は不要**ですし、役員の任期はないため**重任登記も不要**です。

　ミニマム法人設立で、特に法人名を表に出す必要のない場合は、合同会社活用でよいケースも多いでしょう。

　なお、手間と費用はかかりますが、合同会社を設立した後で、合同会社から株式会社に変更することもできます。

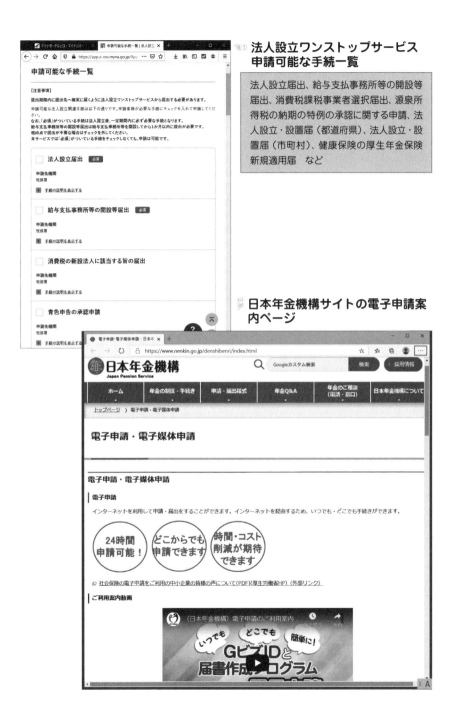

法人設立ワンストップサービス 申請可能な手続一覧

法人設立届出、給与支払事務所等の開設等届出、消費税課税事業者選択届出、源泉所得税の納期の特例の承認に関する申請、法人設立・設置届（都道府県）、法人設立・設置届（市町村）、健康保険の厚生年金保険新規適用届　など

日本年金機構サイトの電子申請案内ページ

ミニマム法人設立の費用や手間と注意すべき点

役員給与と社会保険料の関係を知っておく

給与を増やすと会社負担・本人負担が増える

「個人事業＋ミニマム法人」で事業を行うにあたっては、法人から報酬を受ける人の数を最小にし、役員給与も低額にすることがポイントです。

　法人設立当初は低額の役員給与であっても、その後役員給与額を増やしたことによって標準報酬月額や標準賞与額が増えると、会社負担分・本人負担分の健康保険料・厚生年金保険料が増えます。

　法人代表者など経営に従事している役員は、法人から報酬を受けている限り、健康保険料は75歳までかかり、厚生年金保険料は70歳までかかります。

報酬・賞与の約30％の社会保険料がかかる

　健康保険料や厚生年金保険料は、「標準報酬月額」や「標準賞与額」に保険料率を掛けて算出されます。40歳以上65歳未満の人については、健康保険料とともに介護保険料がかかります。

　また、厚生年金保険料とともに子ども・子育て拠出金もかかります。

　40歳以上65歳未満で健康保険・厚生年金の被保険者となっている人について、毎月かかる社会保険料率の内訳（会社負担分＋本人負担分）は次のページの通りです（全国健康保険協会・東京都　2020年10月現在　標準報酬月額65万円以下の場合）。

> ●健康保険料：98.7/1000（会社と本人が折半負担）
> ●介護保険料：17.9/1000（会社と本人が折半負担）
> ●厚生年金保険料：183/1000（会社と本人が折半負担）
> ●子ども・子育て拠出金：3.6/1000（会社が全額負担）

　したがって、40歳以上65歳未満で健康保険の標準報酬月額が65万円以下の被保険者について、毎月かかる社会保険料（会社負担分＋本人負担分）は次の通りとなります。

> 標準報酬月額×303.2/1000

　標準賞与額の上限[注]以内の賞与を支給したときも、同率の社会保険料がかかります。

注）健康保険料、介護保険料の算出にあたっては、標準賞与額の上限は年度単位で573万円です。厚生年金保険料、子ども・子育て拠出金の算出にあたっては、標準賞与額の上限は1月あたり150万円です（2020年10月現在）。

　ざっくりいうと、**会社が支給する報酬・賞与の約30％の社会保険料**[注]**がかかります。**

　健康保険料・介護保険料・厚生年金保険料は会社と被保険者本人が折半負担ですが、子ども・子育て拠出金は全額会社負担です。

　本人負担分の社会保険料約15％を会社は報酬・賞与から控除することができます（報酬から控除できるのは前月分の保険料です）。

　給与・賞与から控除した本人負担分約15％と、会社負担分約15％の合計約30％の社会保険料を毎月会社は納める必要があります。

　会社は、支払った給与・賞与額とは別枠で、会社負担分社会保険料約15％を負担すべきこととなります。

　役員給与設定を決めるときには注意が必要です。

第**6**章　ミニマム法人設立の費用や手間と注意すべき点

注）会社負担分社会保険料は全額損金計上できます。本人負担分の社会保険料は、全額社会保険
料控除の対象となります。
　40歳未満の場合、介護保険料はかかりません。65歳以上の場合は、介護保険料は健康保
険料と共には徴収されず、原則として年金から天引きされます。
　全国健康保険協会の健康保険料（介護保険料を除いた部分）は、都道府県ごとに異なります。
都道府県ごとの健康保険料率や全国一律の介護保険料率は毎年度改定されます。
　子ども・子育て拠出金率は、今後も段階的に引き上げられる予定です（拠出金率の法律上
の上限は、2020年度現在1,000分の4.5）。

もし、配偶者も役員などとして健康保険・厚生年金に入り、健康保険の被扶養者・国民年金の第3号被保険者から外れると、配偶者分の健康保険料・厚生年金保険料もかかります。

また、配偶者など健康保険の被扶養者となっている人の収入・所得が増えて被扶養者でなくなった場合で、健康保険・厚生年金に入るべき要件を満たしていないときは、その人分の国民健康保険料（原則として75歳未満の場合）、国民年金保険料（20歳以上60歳未満の場合）がかかります。

産前産後休業期間中の保険料は免除される

産前産後休業期間中の健康保険料・厚生年金保険料（会社負担分および被保険者負担分）は、出産する被保険者が法人代表者・役員の場合であっても、産前産後休業をしている間に会社が手続きを行うことによって免除されます。

産前産後休業期間中の給与は、有給でも無給でもかまいません。

産前産後休業とは、出産の日（出産が予定日後の場合は出産予定日）以前42日（多胎妊娠は98日）から出産の日後56日目までの間で、妊娠または出産を理由として労務に従事しなかった期間をいいます。

保険料が免除される期間は、その産前産後休業を開始した月からその産前産後休業が終了する日の翌日が属する月の前月までです。免除を受けた期間は、年金額に反映されます。

なお、法人代表者・役員は従業員とは異なり、**育児休業期間中の健康保険料・厚生年金保険料の免除は対象外**です。

産前産後休業取得者申出書／変更（終了届）

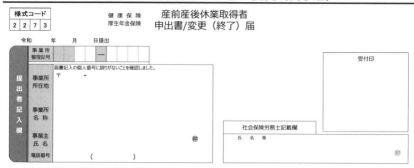

新規申出の場合は共通記載欄に必要項目を記入してください。

変更・終了の場合は、共通記載欄に産前産後休業取得時に提出いただいた内容を記入のうえ、A.変更・B.終了の必要項目を記入してください。

出産（予定）日・産前産後休業終了（予定）日を変更する場合　※必ず共通記載欄も記入してください。

予定より早く産前産後休業を終了した場合　※必ず共通記載欄も記入してください。

○　産前産後休業期間とは、出産日以前42日（多胎妊娠の場合は98日）〜出産日後56日の間に、妊娠または出産を理由として労務に従事しない期間のことです。

○　この申出書を出産予定日より前に提出された場合で、実際の出産日が予定と異なった場合は、再度『産前産後休業取得者変更届』（当届書の「共通記載欄」と「A.変更」欄に記入）を提出してください。休業期間の基準日である出産年月日がずれることで、開始・終了年月日が変更になります。

○　産前産後休業取得申出時に記載した終了予定年月日より早く産休を終了した場合は、『産前産後休業終了届』（当届書の「共通記載欄」と「B.終了」欄に記入）を提出してください。

○　保険料が免除となるのは、産前産後休業開始日の属する月分から、終了日翌日の属する月の前月分までとなります。

出典：日本年金機構 ホームページ

従業員を雇うと
社会保険料負担額が増える

法人化しても「一人法人」を基本にする

　ミニマム法人では、従業員は雇わず、必要に応じ外注・業務委託スタッフを活用したり、他社と提携・協力したりすることを基本とするのがよいでしょう。

　もし、健康保険・厚生年金保険に入れるべき勤務条件^(注)で従業員を雇うと、法人の社会保険料負担額が増えます。

注）500人以下（2022年10月以降は100人以下。2024年10月以降は50人以下）の企業の場合、次のいずれにも該当する従業員を健康保険・厚生年金に入れる必要があります。
　・1週間の所定労働時間が正社員の4分の3以上
　・1か月の所定労働日数が正社員の4分の3以上

　健康保険・厚生年金に入れるべき人の範囲は、法改正により将来さらに広がる可能性がありますので、注意しましょう。

　なお、同居の親族以外の従業員を雇うと、労災保険料や雇用保険料もかかりますが、これらは、健康保険料・厚生年金保険料に比べると安いです。

例　●労災保険料率（その他の各種事業の場合）
　　賃金総額×3/1000（全額会社負担）
　●雇用保険料率（一般の事業の場合）
　　賃金総額×9/1000（会社負担分6/1000、本人負担分3/1000）
　（以上2020年度）

　労災保険料は、1日だけのアルバイトを雇った場合でもかかります。
　雇用保険料は、1週間の所定労働時間が20時間以上の場合にかかります（継続して31日以上雇う見込みのない場合を除く）。

健康保険料・厚生年金保険料等の納付猶予の特例

健康保険料・厚生年金保険料等の納付を1年間猶予

　新型コロナウイルス感染症の影響により事業等に係る収入に相当の減少があった事業主の申請により、健康保険料・厚生年金保険料等の納付が1年間猶予される特例制度が2020年4月30日に施行されました。

　この特例が適用されると、**担保の提供は不要となり、猶予期間中は延滞金もかかりません**。

　納付猶予（特例）の対象となる事業所は、次のいずれも満たす事業所です。

---

1. 新型コロナウイルスの影響により、令和2年2月以降の任意の期間（1か月以上）において、事業等に係る収入が前年同期に比べて概ね20％以上減少していること
2. 健康保険料・厚生年金保険料等を一時に納付することが困難であること

　なお、納付猶予（特例）の対象となる保険料は、2020年2月1日から2021年2月1日までに納期限が到来する保険料等（2020年1月分から2020年12月分まで）です。

　納付の猶予（特例）を受けることができる期間は、猶予を受ける保険料等ごとに納期限（翌月末日）の翌日から1年間です。

　「納付の猶予（特例）申請書」を管轄の年金事務所に提出します（郵送

で申請できます)。

　申請書は、日本年金機構ホームページからダウンロードすることもできます。

　国税、地方税、労働保険料等について納付猶予の特例の許可を受けている場合、その際の申請書と許可通知書の写しも合わせて提出することで、申請書の一部記載が省略できます。

　納付猶予(特例)が許可された場合は、「**納付の猶予(特例)許可通知書**」が送付されます。

　猶予期間中に納付する場合は、納付書により金融機関等において納付します(納付書が手元にない場合は年金事務所で再発行してもらえます)。

　なお、納付猶予(特例)の対象とならない健康保険料・厚生年金保険料等については、他の制度により猶予が受けられる場合があります。

　納付の猶予(特例)については年金事務所で相談できますが、一般的な事項については、「厚生年金保険料納付猶予相談窓口」(コールセンター)も利用できます。

- 電話番号　0570-666-228(ナビダイヤル)
- 受付時間　祝日を除く月〜金曜日　午前8時30分から午後5時15分まで

令和　　年　　月　　日

収受印

納付の猶予（特例）申請書
（厚生年金保険料等）

特

年金事務所長殿

　厚生年金保険法第89条（子ども・子育て支援法第71条第1項の規定によりその例によるものとされる場合を含む。）、健康保険法第183条、船員保険法第137条及び厚生年金保険の保険給付及び保険料の納付の特例等に関する法律第2条第8項の規定によりその例によるものとされる新型コロナウイルス感染症等の影響に対応するための国税関係法律の臨時特例に関する法律第3条第1項の規定によりみなして適用する国税通則法第46条第1項の規定により、以下のとおり納付の猶予を申請します。

1　申請者名等　（以下の項目について、ご記入をお願いします。）

申請者	事業所整理記号				新型感染症コロナウイルス等の影響	☐ イベント等の自粛で収入が減少
	住所所在地	電話番号　　（　　　）				☐ 外出自粛要請で収入が減少
	氏名名称			印		☐ 入国制限で収入が減少
						☐ その他の理由で収入が減少（理由：　　　　　　　）

納付すべき保険料等	年度	月分	納期限	健康保険料	厚生年金保険料	子ども・子育て拠出金	備　考
				円	円	円	
	小　計						
	合　計		①				

猶予期間	納付すべき保険料等の納期限の翌日から1年間

2　令和3年2月1日までに納期限が到来する保険料等について申請等を希望する場合は、チェックしてください。

☐　①令和3年2月1日までに納期限が到来する保険料等について、毎月告知した後、納期限までに納付がなかった場合は、その月の保険料等に係る納付の猶予（特例）の申請があったとみなすことに同意します

☐　②令和3年2月1日までに納期限が到来する保険料等の口座振替を停止することに同意します。

※上記①及び②の取扱いは本申請書による申請が許可された場合に限ります。

3　猶予額の計算（書き方が分からない場合は、職員が聞き取りをしながら記載します。）

（1）収入及び支出の状況等

令和2年2月以降、前年同月と比べて収入の減少率が大きい月の収支状況を記載してください。

	項目	令和　年（当年）			前年同月			収入減少率
		月	月	月	月	月	月	1－（②÷⑤）1－（③÷⑥）1－（④÷⑦）のうち最大のものを記載
収入	売上	円			円			
	小計	②	③	④	⑤	⑥	⑦	％
支出	仕入販売費/一般管理費							支出平均額
	借入金返済							（⑧＋⑨＋⑩）÷記入月数
	生活費（※）							
	小計	⑧	⑨	⑩				⑪　　　　円

※　減価償却費など、実際に支払を伴わない費用などは「支出」に該当しません。
※　申請者が法人の場合は、生活費は「支出」に該当しません。

出典：日本年金機構ホームページ

第 **7** 章

よくある質問
Q&A

この章では、「個人事業＋ミニマム法人」化などについて、個人事業主・フリーランスの方から受けることの多い質問に回答します。

また、現在は会社員として働きながら、将来起業を考えている人からよく受ける質問にも回答します。

これまで納めた国民年金
保険料は無駄になるのか?

 現在50歳です。20歳から25歳になるまでの5年間、国民年金保険料はまったく納めておらず、免除なども受けていませんでした。

25歳から50歳になるまでの25年間（300か月）は1月のもれもなく国民年金保険料を納めました。これから厚生年金に入ったら、これまで納めた国民年金保険料は無駄になってしまうのでしょうか。

もし、無駄になるのなら、今のまま国民年金に入り続けようと思います。

A 国民年金に入って保険料を納めた記録は無駄にはなりません。

これまで国民年金に入って保険料を納めた期間の月数（300か月）は、今後60歳までの厚生年金加入期間と合わせて、65歳からの老齢基礎年金額に反映されます。

今後60歳になるまでの10年間（120か月）切れ目なく厚生年金に入ったとしたら、65歳から老齢基礎年金を約68万円もらえます。

> 老齢基礎年金＝満額の老齢基礎年金×（国民年金加入月数＋厚生年金加入
> 月数）/480か月
> ＝781,700円×（300＋120）/480＝683,988円…①

　なお、今後65歳になるまで厚生年金に入り続けると、50歳から65歳になるまでの厚生年金加入期間の月数（180か月）は、65歳からの老齢厚生年金（経過的加算部分）に反映されます。

> 老齢厚生年金（経過的加算部分）＝1,630円×厚生年金加入期間の月数－
> 満額の老齢基礎年金×20歳以上60歳未満の厚生年金加入期間の月
> 数/480か月
> ＝1,630×180-781,700×120/480＝97,975円……②

　50歳から65歳になるまでの厚生年金加入期間の月数およびその期間に受けた報酬・賞与の額は、65歳からの老齢厚生年金（報酬比例部分）にも反映されます。その期間の平均標準報酬額が11万円だとすると、もらえる老齢厚生年金（報酬比例部分）は約11万円となります。

> 老齢厚生年金（報酬比例部分）＝平均標準報酬額×5.481/1000×厚生年
> 金加入期間の月数
> ＝110,000×5.481/1000×180＝108,524円……③

　したがって、50歳から65歳になるまで180か月厚生年金に入り、平均標準報酬額が11万円の場合、65歳から老齢基礎年金および老齢厚生年金を合計約89万円（①＋②＋③）もらえます。
　65歳以降70歳までも厚生年金に入り続けると、65歳以降厚生年金に入った期間の月数やその期間に受けた報酬・賞与の額が反映され、66歳以降70歳まで毎年、老齢厚生年金（報酬比例部分および経過的加算部分）が増えます。

ミニマム法人で働く時間が
短い場合も
厚生年金に入れるか?

? 個人事業主・フリーランスとして働く時間が長く、法人代表者・役員として働く時間が短い場合でも、ミニマム法人で健康保険・厚生年金に入れるのでしょうか?

A 健康保険や厚生年金に入れます。

このような質問を受けることがあります。

確かに、2020年度現在、従業員数500人以下^(注)の適用事業所で働く場合は、事業所が労使合意に基づいた申出を行っていない限り、次の2つの要件をともに満たす人だけが健康保険・厚生年金に入ることとなっています。

---

1. 1週間の所定労働時間が、通常の労働者の1週間の所定労働時間の4分の3以上
2. 1か月の所定労働日数が、通常の労働者の1か月の所定労働日数の4分の3以上

所定労働時間・所定労働日数とは、就業規則や労働条件通知書で定められた勤務時間・勤務日数のことです。

注)「500人以下」という要件は法改正により、2022年10月1日からは「100人以下」、2024年10月1日からは「50人以下」となります。

しかし、このいわゆる「4分の3」基準は、所定労働時間・所定労働日数が要件となっていることからもわかるとおり、従業員（パートタイム労働者など）を健康保険・厚生年金に入れるべきかどうかを判断するための基準です。

　法人代表者・役員として経営に従事し、法人から労働の対象として報酬を受けていれば、法人の業務に就いている時間・日数が通常の労働者の4分の3以上かどうかとは関係なく、健康保険・厚生年金に入ることとなるのが原則です。

　労働の対償として法人から報酬を受けている法人の代表者または役員かどうかについては、「その業務が実態において法人の経営に対する参画を内容とする経常的な労務の提供であり、かつ、その報酬が当該業務の対価として当該法人より経常的に支払いを受けるものであるかを基準として判断」されることとなっています。

　この点については、以下の判断材料例などを参考にして、それぞれの事案ごとに実態を踏まえて判断されることとなっています。

---

① 当該法人の事業所に定期的に出勤しているかどうか

② 当該法人における職以外に多くの職を兼ねていないかどうか

③ 当該法人の役員会等に出席しているかどうか

④ 当該法人の役員への連絡調整または職員に対する指揮監督に従事しているかどうか

⑤ 当該法人において求めに応じて意見を述べる立場にとどまっていないかどうか

⑥ 当該法人等より支払いを受ける報酬が社会通念上労務の内容に相応したものであって実費弁償程度の水準にとどまっていないかどうか

健康保険と厚生年金で
報酬月額を変えて
入れるか?

? ミニマム法人の設立当初は月額10万円程度しか売上が見込めません。そこで、役員給与月額をできるだけ低く設定して健康保険・厚生年金に入りたいと考えています。
　健康保険に報酬月額6万円で入り、厚生年金に報酬月額9万円で入ることはできますか?

A それはできません。

　健康保険の標準報酬月額の最低額は58,000円（1等級・報酬月額63,000円未満）です。一方、厚生年金の標準報酬月額の最低額は88,000円（1等級・報酬月額93,000円未満）です。
　両者の1等級の標準報酬月額が異なるため、健康保険の報酬月額と厚生年金の報酬月額を変えて入れると誤解している人もいます。

　しかし、健康保険の標準報酬月額も厚生年金の標準報酬月額も、実際の報酬月額（役員給与月額および各種手当月額の合計の額面金額）によって決まります。
　つまり、健康保険の標準報酬月額を決めるための報酬月額も、厚生年金の標準報酬月額を決めるための報酬月額も、まったく同じ金額が用いられます。
　例えば、報酬月額9万円で被保険者資格を取得すると、健康保険の標準報酬月額は88,000円（4等級・報酬月額83,000円以上93,000円未満）

となります。厚生年金の標準報酬月額も88,000円（1等級・報酬月額93,000円未満）です。

　報酬月額6万円で被保険者資格を取得すると、健康保険の標準報酬月額は58,000円（1等級・報酬月額63,000円未満）となります。

　厚生年金の標準報酬月額は、この場合も88,000円（1等級。報酬月額93,000円未満）です。

健康保険料も厚生年金保険料も最低限に抑えたいのであれば、報酬月額を63,000円未満に設定して入る必要があります。

ミニマム法人で社会保険料が減ったとして税金はどうなるか？

？ ミニマム法人活用で社会保険料負担額が減ったとしても、税金の負担額が増えると意味がないのではないでしょうか。

A 確かに、ミニマム法人の活用により、税金の負担額が増える場合があります。

　ミニマム法人活用により社会保険料負担額がどう変わるか、年金・医療保険給付がどれだけ充実するのか、税金の負担額がどう変わるのかは、個人事業の所得、法人の所得、年齢、家族構成、住んでいる市区町村などによって異なります。

　実態を踏まえて、**税金の負担額がどう変わるのかについても事前にシ**ミュレーションしておくことが重要です。

税金負担額のシミュレーション

ここでは、3つの事例について確認してみましょう（東京都のある区に住んでいる人が、健康保険は全国健康保険協会に入る場合。2020年度）。

●事例1

35歳独身・年間所得360万円（A事業の年間所得240万円＋B事業の年間所得120万円）の人。

A事業を個人事業として残し、B事業をミニマム法人化してミニマム法人から報酬月額6万円を受け、法人の所得が0円となった場合は？

	①所得税	②個人住民税	③個人事業税	④法人税等	⑤合計年間税額
個人事業	155,900円	253,400円	67,500円	——	476,800円
個人事業＋ミニマム法人	98,400円	195,900円	7,500円	70,000円	371,800円
					▲105,000円

	①年間医療保険料	②年間年金保険料	③合計年間社会保険料
個人事業	387,432円	198,480円	585,912円
個人事業＋ミニマム法人	68,688円	197,040円	265,728円
			▲320,184円

このケースでは、「個人事業＋ミニマム法人」化により、税負担は年間105,000円安くなります。社会保険料負担も年間320,184円安くなります。

●事例2

夫45歳・年間所得600万円（A事業の年間所得480万円＋B事業の年間所得120万円）、妻42歳（年収・所得0円）・子1人（16歳）。

A事業を個人事業として残し、B事業をミニマム法人化してミニマム法人から報酬月額8万円を受け、法人の所得が0円となった場合は？

	①所得税	②個人住民税	③個人事業税	④法人税等	⑤合計年間税額
個人事業	266,900円	347,200円	187,500円	――	801,600円
個人事業＋ミニマム法人	336,100円	381,800円	127,500円	70,000円	915,400円
					＋113,800円

　このケースでは、「個人事業＋ミニマム法人」化により、税負担は年間113,800円高くなります。

	①年間医療保険料	②年間年金保険料	③合計年間社会保険料
個人事業	890,340円	396,960円	1,287,300円
個人事業＋ミニマム法人	109,128円	197,040円	306,168円
			▲981,132円

　しかし、社会保険料負担は年間981,132円安くなりますので、税負担が増える分を十分カバーできています。

●事例3

　夫50歳・年間所得750万円（Ａ事業の年間所得600万円＋Ｂ事業の年間所得150万円）、妻48歳（年収・所得0円）。

　Ａ事業を個人事業として残し、Ｂ事業をミニマム法人化してミニマム法人から報酬月額9万円を受け、法人の所得が0円となった場合は？

	①所得税	②個人住民税	③個人事業税	④法人税等	⑤合計年間税額
個人事業	623,100円	525,300円	262,500円	――	1,410,900円
個人事業＋ミニマム法人	674,700円	551,100円	187,500円	70,000円	1,483,300円
					＋72,400

　このケースでは、「個人事業＋ミニマム法人」化により、税負担は年間72,400円高くなります。

	①年間医療保険料	②年間年金保険料	③合計年間社会保険料
個人事業	990,000円	396,960円	1,386,960円
個人事業＋ミニマム法人	123,120円	197,040円	320,160円
			▲1,066,800円

　しかし、社会保険料負担は年間1,066,800円安くなりますので、税負担が増える分を十分カバーできています。

※所得税は、復興特別所得税を含まない金額です。
※個人住民税は、「所得税の課税総所得額×10％」で簡易試算した結果（均等割額を含まない金額）です。実際の負担額とは若干異なります。
※個人事業税は、税率5％で試算しています。
　個人事業税の税率は業種により3％、4％、または5％です（個人事業税がかからない業種もあります）。
※青色申告特別控除65万円を適用した試算です。
　2020年分から青色申告特別控除が65万円となるのは、e-TAXにより電子申告する場合などに限られ、書面による申告の場合では55万円または10万円となります。
※法人税等は法人所得が0円となった場合（法人住民税の均等割7万円のみがかかる場合）の試算です。法人所得が生じた場合は、法人税、法人事業税等がかかります。
※消費税については試算を省略しています。

Q05 ミニマム法人の売上・粗利益が増えるとどうなるか?

？ ミニマム法人の売上・粗利益が増えてくると、税金はどうなるでしょうか。

A 所得税率は、所得が多くなるにしたがって段階的に高くなります（最高45％）。一方、法人税率は、資本金1億円以下の法人の場合、法人所得が800万円を超えた部分については23.2％の定率です（800万円以下の部分も2020年度現在15％の定率）。

このように、高額所得者の所得税は増税、法人税率は引き下げというのが最近の流れといえます。ミニマム法人の売上・粗利益が増えたら、役員給与を増額することもできます。

　しかし、役員給与を増額すると、健康保険料・厚生年金保険料負担が増えます。所得税・住民税も増えます。

　役員給与を増やさずに会社にお金を残すと、法人税等（ざっくりいうと法人所得の約3割）がかかりますが、残りの7割は法人に残ります。

　ただ、法人に残したお金は法人の事業にしか使えません。法人代表者兼個人事業主が個人的に使うことはできません。

　法人税等を支払った後に会社に残ったお金を、**退職時に役員退職金として受け取る**ことはできます。

　すでにみたとおり、役員退職金としてもらうと給料としてもらうよりも、会社も本人も節税になり社会保険料もかかりません。ただ、役員退職金は退職時まで受け取れません。

　事業計画やライフプラン、リタイアメントプランなどを勘案の上、個人で残すお金、法人に残すお金のバランスを取ることが重要です。

　自身が代表者となっているミニマム法人で利益が出るようになったら、配偶者や子などが法人役員として役員給与を受けて働くことも考えられます。配偶者や子などが代表者となって他の事業を行う法人を設立し、自身もその法人からの給与が健康保険料・厚生年金料算定の基礎に含まれないような勤務実態（役員となる場合は、155ページ参照）で働くこともできます。

法人から役員給与を受けても
国民年金に
入り続けられるか?

? 知り合いの法人代表者(40歳)は法人から役員給与月額50万円を
受けながら、健康保険・厚生年金ではなく国民健康保険・国民年金
に入っています。健康保険・厚生年金保険料は高いので払えないものの、節
税のために法人化したそうです。

法人から報酬を受けていながら、国民健康保険・国民年金に入り続けて
も問題ないのでしょうか。

A 法人代表者として法人から役員給与を受けていながら、国民健康保
険・国民年金に入り、健康保険・厚生年金に入るための手続きを行
わないのは違法です。

昔はそのような事例も多かったのですが、2015年度から日本年金機
構が国税庁の所有する源泉徴収義務者データを活用して加入勧奨・加入
指導などを行った結果、未適用事業所はかなり減っています。

2020年の年金制度改正により、適用事業所に対してだけではなく、**未
適用事業所に対しても、立入検査等を行うことができる**ようになりまし
た。

日本年金機構の事業計画においても、**2020年度からの4年間で集中的
に加入勧奨・加入指導などを行う**こととされています。

法人から代表者として役員給与を受けていながら健康保険・厚生年金
に入るのを逃れ続けていると、加入勧奨・加入指導を経て、最終的には
立入検査で加入すべき人がいることが確認されたら、強制的に加入手続
きが行われます。

この場合、保険料の時効の範囲内（過去2年分）の健康保険料・厚生年金保険料を一括で請求されます。

　健康保険料・厚生年金保険料負担を考慮しない法人設立シミュレーションは、現在ではまったく意味がありませんので、ご注意ください。

　お知り合いの社長さんのように違法な状態のまま経営を行うのは、経営上のリスク管理の観点からも、かなり危険です。

　一方、「個人事業＋ミニマム法人」の形で、ミニマム法人で低額の役員給与を受けて健康保険・厚生年金に入っている場合は、法律の定めに基づいた適正な加入をしている状態ですから、安心して事業を行うことができます。

個人事業を法人化すると受給中の老齢厚生年金はどうなるか？

？　65歳男性です。60歳で定年退職するまで厚生年金に入っていました。現在個人事業主として働きながら、老齢基礎年金と老齢厚生年を受け取っています。

　前職の経験を活かし製造業向けコンサルティング事業を行いながら、休日や夜間に近所の中学生向けに英語などを教えています。本業のコンサルティング事業が順調で所得が増えてきましたので、節税のため法人化を検討しています。しかし、法人化すると厚生年金に入らなくてはならなくなり、年金がもらえなくなると聞きました。

A　法人化しただけで、厚生年金に入るべき義務は生じません。法人から役員給与を受けると、代表者一人だけであっても、法人は健康保険・厚生年金に入る手続きをするべきこととなります。

そして、法人から一定額以上の役員給与を受ける場合のみ、老齢厚生年金（報酬比例部分）の一部または全部がカット（支給停止）されます（在職老齢年金制度）。

　65歳以上なら、下記の「基本月額」^(注1)と「総報酬月額相当額」^(注2)の合計額が47万円以下（2020年度の場合）であれば、老齢厚生年金（報酬比例部分）は全額もらえます。
　「基本月額」と「総報酬月額相当額」の合計額が47万円を超えたら、超えた額の2分の1だけ年金がカットされます。

> 注1）基本月額：老齢厚生年金（報酬比例部分）÷12

　ただし、厚生年金基金に入った期間があり基金代行額がある人の場合は、｛老齢厚生年金（報酬比例部分）＋基金代行額｝÷12が基本月額となります。

> 注2）総報酬月額相当額：（標準報酬月額＋その月以前の1年間の標準賞与額の総額）÷12

　老齢基礎年金や老齢厚生年金（経過的加算部分）は役員給与（総報酬月額相当額）がいくら高額であっても、年金の請求手続きをすれば全額もらえます。

　個人事業のすべてを法人化する場合であっても、個人事業の一部のみを法人化して「個人事業＋ミニマム法人」とする場合であっても、**年金をカットされない程度に役員給与（総報酬月額相当額）を抑えれば、働きながら老齢厚生年金（報酬比例部分）も全額もらうことができます。**

※65歳までの在職老齢年金制度における基準額は、2020年度現在47万円ではなく28万円です。しかし、法改正により2022年度からは、65歳からの在職老齢年金制度における基準額と同額となります。

 **個人事業でも健康保険等が
強制適用になるのは
どんな場合か?**

 個人事業で美容院を開業する予定です。将来従業員を雇うと健康保険・厚生年金に入れる必要がありますか。

A 美容業は、個人事業であれば従業員を何人雇っても健康保険・厚生年金は任意加入ですので、加入させなくても法律上は問題ありません。

　個人事業で、常時5人以上の従業員を使用し、次の16業種（「適用16業種」）のいずれかに該当する事業所は、健康保険・厚生年金が強制適用です。

- ・物の製造、加工、選別、包装、修理又は解体の事業
- ・土木、建築その他工作物の建設、改造、保存、修理、変更、破壊、解体又はその準備の事業
- ・鉱物の採掘又は採取の事業
- ・電気又は動力の発生、伝導又は供給の事業
- ・貨物又は旅客の運送の事業
- ・貨物積みおろしの事業
- ・焼却、清掃又はと殺の事業
- ・物の販売又は配給の事業
- ・金融又は保険の事業
- ・物の保管又は賃貸の事業
- ・媒介周旋の事業
- ・集金、案内又は広告の事業

・教育、研究又は調査の事業
・疾病の治療、助産その他医療の事業
・通信又は報道の事業
・社会福祉法に定める社会福祉事業及び更生保護事業法に定める更生保護事業

個人事業の事業所で、常時5人以上の従業員を使用するものの、上記適用16業種のいずれにも該当しない事業所は、健康保険・厚生年金は任意適用です。

具体的には、以下のような業種の事業所が該当します。

・第一次産業（農林水産業等）
・接客娯楽業（旅館、飲食店等）
・法務業（弁護士、税理士等）
・宗教業（寺院、神社等）
・サービス業（理美容店等）

個人事業の事業所で、従業員常時5人未満の事業所は、業種によらず健康保険・厚生年金は任意適用です。

なお、任意適用の事業所も、被保険者となるべき従業員の2分の1以上の同意を得て厚生労働大臣の認可を受ければ、要件を満たす従業員を健康保険・厚生年金に入れることができます（加入に同意しなかった従業員も入ることとなります）。

個人事業の場合は、強制適用の事業所であっても、厚生労働大臣の認可を受けて健康保険・厚生年金加入となった事業所であっても、入れるのは従業員だけです。

個人事業のみを行っているケースでは、個人事業の代表者自身は、健康保険・厚生年金に入れません。

Q 09 健康保険や厚生年金の適用範囲を広げる法改正とは何か?

? 健康保険・厚生年金に入れるべき人の範囲を広げる法改正が行われたと聞きました。詳しく教えて下さい。

A 2020年の法改正により、健康保険、厚生年金に加入させるべき人の範囲が今後、広げられることとなりました。

　まず、個人事業で常時5人以上の従業員を使用する事業所のうち、**法律・会計業務を行う下記の士業事務所**について、2022年10月から健康保険・厚生年金の強制適用事業所とされます。

弁護士・司法書士・行政書士・土地家屋調査士・公認会計士・税理士・社会保険労務士・弁理士・公証人・海事代理士

　また、2020年度現在、2か月以内の期間を定めて使用される人については健康保険・厚生年金の適用除外となっていますので、最初の雇用契約期間は入れることができません。

　これが、法改正により2022年10月より、**2か月以内の期間を定めて使用される人のうち、その定めた期間を超えて使用されることが見込まれる人については健康保険・厚生年金の適用除外とならず、最初の雇用契約期間も含めて、当初から入れるべきこと**となります。

　そのほか、2020年度現在、1週間の所定労働時間および1か月の所定労働日数が通常の労働者の4分の3以上の従業員以外に、次の（1）〜

（5）のすべてを満たす従業員についても、健康保険・厚生年金に入れるべきこととなっています。

（1）従業員数500人超の適用事業所に勤務している[注]
（2）1週間の所定労働時間が20時間以上
（3）継続して1年以上雇用されることが見込まれる
（4）賃金の月額（通勤手当・家族手当・精皆勤手当・残業代・ボーナスなどは除く）が8万8,000円以上
（5）学生でない

注）従業員数500人以下の事業所でも、労使の合意に基づき、（2）～（5）の要件をすべて満たす人を入れることはできます。

　これが、法改正により2020年10月から（1）の「500人超」が「**100人超**」となり、（3）の要件が削除されます（フルタイムの従業員と同様に、「2か月超」の要件が適用されることとなります）。
　その後、2024年10月から（1）の人数要件が「**50人超**」となります。

　すでに決まっている改正は以上です。
　しかし、勤務している会社の従業員数によって健康保険・厚生年金に入れるかどうかが異なるのはおかしいとの批判もあります。
　将来（1）の人数要件が撤廃される可能性があります。
　人数要件が撤廃されると、ミニマム法人でパートタイム労働者などを雇うこととなった場合にも、所定労働時間・所定勤務日数や給料を決める際にあたって注意が必要となります。

Q10 健康保険・厚生年金任意適用の個人事業を法人化する際の注意点は?

? 個人事業で理容業を営んでいます。年齢は50歳です。常時使用する従業員数は6人です。従業員の月給は約20〜30万円です。代表者の私は、理容業経営とは別に、広告などを使った集客法のコンサルティングも全国の同業者向けに行っています。現在は、代表者の私も従業員も国民健康保険および国民年金に入っています。

今後、法人化を検討しています。ところが、従業員たちは皆、将来独立して自分のお店を持ちたいため健康保険・厚生年金には入らずに、お金を貯めたいと言っています。

この場合、私だけがミニマム法人代表者として健康保険・厚生年金に入り、従業員は国民健康保険・国民年金に入ったままでもよいのでしょうか。

A コンサルティング事業を行うミニマム法人を設立し、ご自身が法人から役員給与を受けるのであれば、かまいません。

個人事業主という立場と法人代表者・役員という立場を兼ねる人がどの年金・医療保険に加入するかについて、それぞれの事業で働いている人の数によって決まるという法律上の規定はありません。

したがって、健康保険・厚生年金が任意適用の業種の個人事業において従業員を雇っているところ、**代表者が別事業を営むミニマム法人を設立して法人から役員給与を受け、代表者のみが健康保険・厚生年金に入るケースも当然あり得ます。**

なお、理容業およびコンサルティング業を営む法人を設立すると、法人から報酬を受けている人（法人代表者・役員だけでなく加入要件を満たす従業員も全員）を健康保険・厚生年金に入れる必要があります。

このように、**個人事業であれば従業員が何人いても健康保険・厚生年金は任意適用である業種（理容・美容業、旅館、料理・飲食店など）の事業を法人化すると、強制適用になります。**

　したがって、そうなると従業員分の社会保険料の半額も法人が負担すべきこととなります。

　ケースによっては、任意適用の業種の事業は個人事業で開業し、その業種の業務に従事する従業員が増えても法人化せずに、別事業を経営者（や経営者の配偶者・親族）が代表者となってミニマム法人でスタートすることも考えられます。

　任意適用業種で起業する場合は、何も考えずにいきなり法人化するのと、将来の「個人事業＋ミニマム法人」での事業展開まで検討した上で個人事業で起業するのとでは、社会保険料負担額が大きく異なることがありますので、注意が必要です。

　適用16業種で、常時使用する従業員数5人未満の個人事業を法人化する場合も同様です。

従業員5人で個人事業の場合 業種と法人化で厚生年金等の 加入人数はどう変化するか?

? 個人事業で小売業を営んでいます。常時使用する従業員数は5人(部門責任者1人＋一般従業員4人)です。5人が同じ場所で働いており、所定労働時間は全員週40時間です。

代表者である私は、小売業経営を行いながら、個人で一般顧客向けに通販運営のコンサルティング事業も行っています。

現在は、私も従業員も国民健康保険および国民年金に入っています。

しかし、個人事業でも従業員数が常時5人以上になると、健康保険・厚生年金に入る手続きをしなければならないと聞きました。

個人事業のままの場合、個人事業のすべてを法人化した場合、個人事業＋ミニマム法人とした場合で、それぞれ健康保険・厚生年金に入るべき人の数は変わりますか?

A 変わります。

現状は個人事業で小売業を営み、常時使用する従業員が5人ですから、**法律上従業員全員を健康保険・厚生年金に入れる必要**があります。

個人事業の全部を法人化すると、6人(代表者1人＋従業員5人)全員を健康保険・厚生年金に入れる必要があります。

小売業は個人事業のまま残し、コンサルティング部門のみをミニマム法人化して代表者が法人から役員給与を受けるのであれば、個人事業で従業員5人を健康保険・厚生年金に入れ、法人で代表者が健康保険・厚生年金に入るべきこととなります。

もし、小売業部門の責任者が個人事業の代表者として独立し、現在の

従業員4人を雇って小売業経営を行うこととなると、個人事業で常時使用する従業員数4人ですから、健康保険・厚生年金は強制適用ではありません。

　ですから、新しい代表者はもちろん、従業員4人も国民健康保険・国民年金加入のままで適法です。

　そして、元の代表者が通販運営などのコンサルティングを行うミニマム法人を設立して法人代表者となり、法人から報酬を受けると、法人代表者のみが健康保険・厚生年金に入ります。

　コンサルティング事業に注力し、小売業部門は適任者に任せて事業譲渡してもよいと考えている場合であれば、上記のような実態に落ち着くケースもあるかもしれません。

　ただし、新たに個人事業の代表者となる人は、従業員の立場から個人事業主の立場に変わってしまいます。

　健康保険・厚生年金に入れないだけでなく、労災保険や雇用保険の給付も受けられなくなってしまいますので、十分注意しましょう（労災保険には、労災事故による療養補償給付、休業補償給付だけでなく、障害補償給付、介護補償給付、遺族補償給付などの手厚い給付があります。雇用保険には、いわゆる失業給付だけでなく、育児休業給付、介護休業給付、教育訓練給付、高年齢雇用継続給付などさまざまな給付もあります）。

　そのようなデメリットを本人が十分理解した上で、個人事業主として経営していきたいと望んでいる場合でないと、このような形にはできないでしょう。

　なお、個人事業でも従業員がいれば、従業員を労災保険に入れるだけでなく、個人事業主も労災保険に特別加入することはできます（労働保険事務を厚生労働大臣認可の労働保険事務組合に委託することが必要です）。

健康保険か厚生年金の片方だけに入れるケースはあるか?

? 68歳ですが、健康保険のみ、または、厚生年金のみに入ることはできるでしょうか。

A 70歳未満の人は、どちらか片方だけ入ることはできず、健康保険・厚生年金ともに入るのが原則です。

　例外として、すでに国民健康保険組合に入っている人については、個人事業から法人成りしたなど厚生年金に入るべきこととなった日から14日以内に日本年金機構に手続きを行い「健康保険被保険者適用除外」の承認を受けることで、年金については厚生年金に入るものの、医療保険については引き続き国民健康保険組合に入り続けることができる場合があります。

　健康保険被保険者適用除外承認の申請手続きを行うには、加入している国民健康保険組合理事長の証明が必要です。

　詳しくは、ご加入の国民健康保険組合にご照会ください。

　なお、適用事業所に勤務する70歳以上75歳未満の人は、原則として厚生年金に入れませんので、健康保険のみに入ることとなります。

健康保険は全国健康保険協会（協会けんぽ）にしか入れないのか？

A いいえ。そうではありません。

　本書では、業種・地域を問わず入れる**全国健康保険協会（協会けんぽ）**が運営する健康保険に入る場合で解説しました。

　しかし、ほかに業種ごとなどで設立されている健康保険組合が運営する健康保険に入れる場合もあります（例：関東ITソフトウェア健康保険組合、東京都情報サービス産業健康保険組合、出版健康保険組合など）。
　健康保険組合の運営する健康保険では、保険料率・給付内容・健康診断、保険料のうち会社負担分の割合、介護保険料がかかる人の範囲などが全国健康保険組合（協会けんぽ）の運営する健康保険と異なることがあります。
　2020年10月現在、電子申請に未対応の健康保険組合もありますが、**全ての健康保険組合が利用できる電子申請環境が2020年11月から運用開始される予定です。**
　詳しくは、各健康保険組合のホームページを確認するか、健康保険組合にご照会ください。

親族や友人が代表者の法人で
健康保険・厚生年金に
入れるか?

? 個人事業で本業を行いながら、親族や友人などが代表者となっている法人でも働くと、その法人で健康保険・厚生年金に入れるのでしょうか。

A 法人での働き方によります。

個人事業で本業を行いながら、親族や友人などご自身以外の人が代表者となっている法人の役員や従業員として働く場合であっても、法人において健康保険・厚生年金に入れるような働き方をしているのであれば、法人で入れます。

ただ、154ページで確認した通り、小規模企業の従業員が健康保険・厚生年金に入るための要件は、法人代表者・役員が健康保険・厚生年金に入るための要件よりも厳しいです。

したがって、個人事業で本業を行いながら親族や友人が代表者となっている法人で健康保険・厚生年金に入る場合は、従業員として働くのではなく、役員(取締役等)として経営に従事するケースが多くなるでしょう。

友人とミニマム法人を設立し 各人が代表者・役員となっても 問題ないか?

 友人たちといっしょに1つのミニマム法人を設立する形でも、その 法人で健康保険・厚生年金に入れるのでしょうか。

A 法人で健康保険・厚生年金に入れます。

　場合によっては、複数の個人事業主・フリーランスが各人の本業とは 別に、1つの法人の代表者や役員となり、法人で事業を行うということ もあり得ます。

　例えば、フリーのライター、カメラマン、デザイナーなどが本業とは 別に、一般向けに電子書籍出版コンサルティング事業などを営む法人を 設立し、法人代表者や役員になって法人経営に従事するような事例です。

　このような場合でも、法人代表者や役員が法人から低額報酬を受ける のであれば、全員が健康保険・厚生年金に入れて、「個人事業＋ミニマム 法人」のメリットを受けることができます。

　ただし、複数の個人事業主・フリーランスで法人を設立する場合は、事 業に対する基本的な理念・考え方が合致した少人数のみで始めるのがよ いでしょう。

　フリーランス・個人事業主として働いている人のなかには、もともと 会社勤めが肌に合わないので個人で働いている人もおられるでしょう。 そのような人が複数集まって法人を設立しても、各人の理念や方向性に 違いがあると、経営方針がまとまらずにトラブルが生じる可能性もあり

ます。

　まずは、自分だけで法人を設立することを目指す方がよいケースが多いでしょう。

　「個人事業＋ミニマム法人」の選択肢を考える場合は、最初から多くの人を巻き込んで法人を立ち上げるのではなく、まずは、ご自身の裁量の範囲内で小さく始めることをおすすめします。

法人や事業を購入し代表者・役員になって厚生年金に入りたい

？ 後継者のいない法人や事業の一部または全部を購入して法人代表者になる形でスタートしても、よいでしょうか。

A かまいません。

　最近は経営者の高齢化が社会問題化しています。後継者不在、経営者の健康問題などが原因で営業継続を断念する事例も増えています。

　2025年には70歳（平均引退年齢）を超える中小企業・小規模事業者の経営者は約245万人となり、うち約半数の127万（日本企業全体の1/3）が後継者未定、とのデータもあります（「事業承継・創業政策について」2019年2月5日・中小企業庁）。

　新型コロナウイルス感染症拡大の影響を受け、経営状況が悪化している企業も多い状況です。

　今後、事業の売却（M&A）や廃業・法人解散を検討する中小企業・

小規模企業経営者がさらに増えていく可能性があります。ですから、場合によっては、個人的なつながりを通じて、または、仲介業者を通じて、既にある会社や事業の一部または全部を購入するという選択肢もあり得ます。

すでにある会社や事業の購入というと大掛かりに感じられて、自分には関係がない話だと思われるかもしれません。

しかし、最近は小規模事業のM＆A仲介業者もあります。さらに言えば、必ずしも実店舗を持って営業している会社や事業の購入でなくてもよいのです。

利益の出ているホームページ（アフィリエイトサイトや通販サイト）を新たに設立するミニマム法人で購入することで、未経験の別業種の事業を短期間に立ち上げるようなケースもあります。

先入観にとらわれずに、いろいろな可能性をイメージしてみてはいかがでしょうか。

短時間労働者のままで厚生年金に入るにも「個人事業＋ミニマム法人」とする必要があるか？

会社員として働いています。しかし、週30時間未満の短時間労働（非正規雇用）のため健康保険・厚生年金に入れず、国民健康保険・国民年金に入っています（会社の従業員数は30人です）。

今の会社に勤めたまま健康保険・厚生年金に入りたいのですが、「個人事業＋ミニマム法人」の形で、複数の事業を行わなければいけないのでしょうか。

A いいえ。そうではありません。

　ご自身でミニマム法人を設立して法人代表者となり法人から役員給与を受けるだけでも、健康保険・厚生年金には入れます。**短時間労働（非正規雇用）の従業員兼ミニマム法人の代表者**、という形です。

　現在お勤めの会社での従業員としての勤務状況が、健康保険・厚生年金に入れないようなものであれば、法人から受ける役員給与だけに社会保険料がかかります。

　個人事業も別に行って「個人事業＋ミニマム法人」の形にするまでもなく、ミニマム法人で健康保険・厚生年金に入れます。

　ご自身が法人代表者とならずに、配偶者などが法人代表者となり、ご自身は法人役員として経営に従事し役員給与を受ける形でもかまいません。

　いずれにしても、現在お勤めの会社が従業員の兼業・副業を認めていることが前提となります。

　事前に会社の就業規則や、労働条件通知書などにおける兼業・副業の規定を確認しておきましょう。

Q 18 ミニマム法人を設立したときの年金・医療保険の手続きはどうなるか？

　？ 個人事業から「個人事業＋ミニマム法人」としたときの、年金・医療保険に関する手続きについて教えてください。

A 個人事業を残したままミニマム法人を設立したときの年金・医療保険に関する手続きは、個人事業のすべてを廃業して個人事業の全部を法人化したときの手続きと基本的に同じです。

具体的には次の通りです。

１．厚生年金・健康保険に入る手続きを行う

法人事業所が加入するための届出（「新規適用届」）および被保険者となるための届出（「被保険者資格取得届」）が必要です。

配偶者、子など健康保険の被扶養者になる人がいる場合は、「健康保険被扶養者届」（国民年金の第3号被保険者となる20歳以上60歳未満の被扶養配偶者がいる場合は「国民年金第3号被保険者関係届」兼用）が必要です。

全国健康保険協会（協会けんぽ）の健康保険に加入する場合、これらの届書は日本年金機構（年金事務所）に提出します。

詳しくは日本年金機構ホームページ（https://www.nenkin.go.jp/）を確認するか、事業所の所在地を管轄する年金事務所（https://www.nenkin.go.jp/section/soudan/）にご照会ください。

健康保険組合への加入手続きや保険料・給付などについては、各健康保険組合のホームページを確認するか、健康保険組合にご照会ください。

２．国民健康保険をやめる手続きを行う

法人で健康保険に加入した人（被保険者およびその被扶養者）は、国民健康保険の被保険者資格を喪失します。

市区町村・都道府県が運営している国民健康保険に加入している場合であれば、**世帯主が市区町村に国民健康保険の被保険者資格喪失手続きを行う**必要があります。

国民健康保険の資格喪失届の提出が遅れると、健康保険料と国民健康

保険料を二重に支払ってしまうこともあります。また、健康保険に加入しながら国民健康保険の保険証を使ってしまった場合は、国民健康保険が負担した医療費を全額返す必要があります。

　国民健康保険の被保険者資格喪失手続きを忘れないようにしましょう。

　詳しくは市区町村のホームページを確認するか、国民健康保険担当課にご照会ください（国民健康保険組合に加入している人の資格喪失手続きについては、国民健康保険組合にご確認ください）。

3．国民年金については手続き不要

　法人で厚生年金に入った人は、国民年金の第2号被保険者となります（原則として65歳まで）。

　国民年金の第2号被保険者となった人の**被扶養配偶者**（年収130万円未満などの要件を満たして健康保険の被扶養者となった配偶者）で20歳以上60歳未満の人は、**国民年金の第3号被保険者**となります。

　どちらの人も、国民年金の被保険者資格を喪失するわけではありません。

　20歳以上60歳未満で国民年金の第1号被保険者であった人が、第2号被保険者や第3号被保険者へと、国民年金の被保険者種別を変更されるべき場合、法人で被保険者資格取得届や国民年金第3号被保険者関係届を提出することにより、自動的に変更されます。

　市区町村に対して手続きを行う必要はありません。国民年金保険料をまとめて前納しているため払い過ぎの国民年金保険料がある場合は、後で返還の案内が届きます。

　　※ミニマム法人では同居の親族以外の従業員を雇用しないことを基本としていますが、もし雇っている場合は、労働保険（労災保険・雇用保険）の手続きも必要となります。詳しくは、事業所を管轄する労働基準監督署や公共職業安定所（ハローワーク）にご照会ください。

4．税務署に提出する税金関係の手続きについて

　税金関係の手続きについては、すべての個人事業を廃止して法人化す

る場合と一部の事業が個人事業で残る場合とでは、次のとおり異なります。

● すべての個人事業を廃止して法人化する場合

　個人事業の廃業等届出書、所得税の青色申告の取りやめ届出書、消費税の事業廃止届出書を提出する必要があります。

● 一部の事業が個人事業で残る場合

　個人事業の廃業等届出書の提出は不要です。所得税の青色申告の取りやめ届出書は、引き続き個人事業で青色申告を行う場合は提出不要です。

　消費税の事業廃止届出書は、個人事業で課税売上があれば提出不要です。

　個人事業で給与の支払いがなくなる場合は、給与支払事務所等の廃止届出書を提出します。

　詳しくは税務署または税理士にご照会ください。

法人の設立月は
国民年金と厚生年金の
保険料が両方かかるのか?

　 ミニマム法人を設立した月は、国民年金保険料・国民健康保険料と厚生年金保険料・健康保険料との両方を納める必要があるのでしょうか。

A いいえ。重複して納める必要はありません。

●国民年金保険料について

　20歳以上60歳未満の個人事業主・フリーランスが、ミニマム法人の代表者として報酬を受けることとなり、健康保険・厚生年金に入る手続きを行うと、国民年金の第1号被保険者から第2号被保険者に変わります（国民年金被保険者の種別の変更）。種別の変更が行われた月は、変更後の種別の被保険者であった月とみなされることになっています。

　例えば、5月20日付けで、ミニマム法人で健康保険・厚生年金に入ると、5月は国民年金第2号被保険者の月となり、4月までが国民年金第1号被保険者の月です。

　5月分（6月末日納期限分）から厚生年金保険料を納め、4月分（5月末日納期限分）まで国民年金保険料を納めることとなります。

　配偶者についても、5月20日付けで国民年金の第1号被保険者から第3号被保険者に変わったときは、配偶者分の国民年金保険料がかかるのは4月分（5月末日納期限分）までです。

　なお、引き続き国民年金の第1号被保険者となるべき人が世帯にいる場合は、その人についての国民年金保険料は5月分以降もかかります。

●国民健康保険料について

　75歳未満の個人事業主・フリーランスが、ミニマム法人の代表者として報酬を受けることとなり、健康保険・厚生年金に入る手続きを行うと、国民健康保険の被保険者から健康保険の被保険者に変わります。

　例えば、5月20日付けで、ミニマム法人で健康保険・厚生年金に入ると、その翌日から国民健康保険の被保険者でなくなります。この場合、5月分（6月末日納期限分）から健康保険料を納め、4月分まで国民健康保険料を納めることとなります。

　配偶者などについても、5月20日付けで健康保険の被扶養者となったときは、その翌日から国民健康保険の被保険者でなくなります。

　この場合、配偶者などの分の国民健康保険料がかかるのも4月分までです。

国民健康保険料は年度分（4月分から翌年3月分まで）を6月から翌年3月までの10回に分けて納める市区町村が多いです。

　したがって、6月頃国民健康保険料の通知が来ますが、納めるべき国民健康保険料は、この事例では4月分までです。

　なお、健康保険の被扶養者となる人以外に引き続き国民健康保険の被保険者となるべき人が世帯にいる場合は、その人についての国民健康保険料は5月分以降もかかります。

ねんきん定期便に書かれた年金見込額があまりに少ないが?

 40歳です。先日届いた「ねんきん定期便」には、年金額は40万円弱と書かれています。
　20歳になった月からこれまで1月も切れ目なく国民年金保険料を納めてきましたが、もらえる年金がこんなにも少ないのであれば、これ以上保険料を納めずに、預貯金や投資に回した方がよいでしょうか。

> **A** 50歳未満の人に届く「ねんきん定期便」に書かれている年金額は、「これまでの加入実績に応じた年金額」です。

　20歳から60歳までの40年間のうちの半分の20年間国民年金保険料を納めると、65歳からもらえる老齢基礎年金は40万円弱となります。

　今後、60歳までの20年間も1月も切れ目なく国民年金保険料または厚生年金保険料を納め続けると、65歳から満額の老齢基礎年金80万円弱をもらえます。

　厚生年金保険料を納めた場合は、65歳から老齢厚生年金ももらえます。

年金見込額が1年たっても増えないのはどうしてか?

? 52歳です。先日届いた「ねんきん定期便」によると老齢基礎年金は約70万円と、1年前に届いたときとほぼ同額となっています。

この1年も約20万円の国民年金保険料を納めたのに年金額が増えないのであれば、今後60歳まで保険料を納めるのはもったいないと思います。

これ以上国民年金保険料を納めずに、預貯金や投資に回した方がよいでしょうか。

A 50歳以上の人に届く「ねんきん定期便」に書かれている年金額は、現在入っている年金制度に60歳になるまで入ったと仮定した場合の見込額です。

前年の定期便にも今年の定期便にも、**60歳になるまで国民年金に入って保険料を納め続けると仮定した老齢基礎年金額**が書かれています（賃金や物価の変動に応じた年金額改定の影響で、年度により印字される年金額に若干違いが生じることはあります）。

60歳になるまで国民年金に入って保険料を納め続けた場合の老齢基礎年金の見込額が約70万円ということですから、今後国民年金保険料（または厚生年金保険料）を60歳になるまで納め続けないと、実際に65歳からもらえる老齢基礎年金はもっと少なくなってしまいます。

ねんきん定期便を なくした場合は どうすればよいか?

？ 「ねんきん定期便」を失くしてしまいました。年金見込額などを調べるには、どうすればよいでしょうか。

A 国民年金または厚生年金に加入中の人は、日本年金機構から郵送されてくる「ねんきん定期便」の電子版（PDFファイル）を、ねんきんネット（https://www.nenkin.go.jp/n_net/）で確認できます。

ねんきんネットでは、今後何歳までどの年金に入るか、（厚生年金に入る場合は）報酬月額をいくらにするかなどを設定して、将来もらえる老齢基礎年金・老齢厚生年金の見込額の試算をすることもできます。

お近くの年金事務所や「街角の年金相談センター」
（https://www.nenkin.go.jp/section/soudan/）
で、確認したりわからないことを相談することもできます。

年金事務所等の年金相談を利用する場合は、待ち時間を少なくするため、電話で予約されることをおすすめします。

年金事務所等の来訪相談「予約受付専用電話」
0570-05-4890（ナビダイヤル）
050で始まる電話からは、
（東京）03-6631-7521（一般電話）
受付時間：月〜金曜日（平日）午前8：30〜午後5：15
土日祝日、12月29日〜1月3日は利用できません。

会社を退職後に「個人事業＋ミニマム法人」で起業を考えているが?

? 今は会社員として働き、会社で健康保険・厚生年金に入っています。会社の経営状態が芳しくないようですので、今後希望退職に応じて退職した後に起業することを考えています。

このような場合でも「個人事業＋ミニマム法人」の形は使えますか。

A 使えます。

　現在では、1つの事業だけで継続して利益を出し続けることが難しくなっているといわれています。最初は1つの事業のみで起業するとしても、リスク管理の観点からは、なるべく早い段階で複数の事業が行えるようにしておくことが望ましいでしょう。

　そのうえで、必要に応じ「個人事業＋ミニマム法人」の選択肢を検討するとよいでしょう。

●個人事業主・フリーランスとなる人が今後増える可能性もある

　2019年4月、経団連会長が「経済界は終身雇用なんてもう守れない」と発言したことが話題となりました。

　現在会社員として働いていても、会社が倒産するなどして、雇用保険の失業給付を受けながら求職活動を行うものの再就職先が見つからず、個人事業主・フリーランスとして起業することになるケースも考えられます。

　新型コロナウイルス感染症の影響により景気の先行きが見えない中、雇用の維持が困難となる企業や採用を控える企業がさらに増える可能性

第7章 よくある質問Q&A

もあります。

　また、65歳未満の定年年齢を定めている企業には、従業員の65歳までの安定した雇用を確保するため、次のいずれかを実施することが義務付けられています。

　1.　65歳までの定年引上げ

　2.　65歳までの継続雇用制度の導入

　3.　定年廃止

　さらに、65歳以降70歳までの従業員の就業機会確保のための措置を講じることが、2021年4月1日から企業の努力義務となります。

　ただ、65歳以降70歳までの就業機会確保措置としては、定年引上げ・継続雇用制度の導入・定年廃止以外に、労使で同意した上での雇用以外の措置（継続的に業務委託契約を締結する制度、継続的に社会貢献活動に従事できる制度）も認められることとなっています。

　人生100年時代を迎え65歳以降も働く意欲のある高齢者が増える中、今後は、65歳以上の個人事業主・フリーランスも増えるかもしれません。

　以上のような雇用状況の変化や景気後退などの影響により、今後、個人事業主・フリーランスに転じることとなり、年金・医療保険について悩む人が増えるかもしれません。

　ですから、「個人事業＋ミニマム法人」の選択肢もあることを知っておいた方がよい人の数が増える可能性があります。

Q24　年金について
電話相談できるところは
あるか？

A 日本年金機構の無料電話相談窓口があります。

　国民年金や厚生年金に関する一般的な年金相談は、日本年金機構の「ねんきんダイヤル」が利用できます。

「ねんきんダイヤル」
　0570-05-1165（ナビダイヤル）
　050で始まる電話からは、
　（東京）03-6700-1165（一般電話）
　受付時間：月曜日　　　　午前8：30〜午後7：00
　　　　　　火〜金曜日　　午前8：30〜午後5：15
　　　　　　第2土曜日　　午前9：30〜午後4：00
　月曜日が祝日の場合、翌日以降の開所日初日は午後7：00まで
　祝日（第2土曜日を除く）、12月29日〜1月3日は利用できません。

　「ねんきん定期便」や「ねんきんネット」に関する問合せ専用番号も用意されています。

「ねんきん定期便」「ねんきんネット」問合せ専用番号
　0570-058-555（ナビダイヤル）
　050で始まる電話からは、
　（東京）03-6700-1144（一般電話）
　受付時間：月曜日　　　　午前8：30〜午後7：00
　　　　　　火〜金曜日　　午前8：30〜午後5：15
　　　　　　第2土曜日　　午前9：30〜午後4：00
　月曜日が祝日の場合、翌日以降の開所日初日は午後7：00まで
　祝日（第2土曜日を除く）、12月29日〜1月3日は利用できません。

第7章　よくある質問Q&A

国民年金加入や厚生年金加入に関する一般的な相談は、「ねんきん加入者ダイヤル」を利用できます。

「ねんきん加入者ダイヤル」
　国民年金加入者向け
　　0570-003-004（ナビダイヤル）
　　050で始まる電話からは、
　（東京）03-6630-2525（一般電話）
　事業所、厚生年金加入者向け
　　0570-007-123（ナビダイヤル）
　　050で始まる電話からは、
　（東京）03-6837-2913（一般電話）
　受付時間：月〜金曜日　午前8：30〜午後7：00
　　　　　　第2土曜日　　午前9：30〜午後4：00
　祝日（第2土曜日を除く）、12月29日〜1月3日は利用できません。

国民年金・厚生年金について
知りたいことが探せる
ウェブサイトはあるか?

 厚生労働省の「わたしとみんなの年金ポータル」というサイトがあります（https://www.mhlw.go.jp/nenkinportal/）。

■著者紹介

奥野　文夫（おくの　ふみお）

　奥野社会保険労務士事務所・FP奥野文夫事務所所長。一般社団法人社長の年金コンサルタント協会代表理事。京都中小企業互助協会理事長。

　社会保険労務士・ファイナンシャルプランナーとして経営者支援20年超の実務経験を活かし、経営者専門の年金・社会保険コンサルティングやセミナーを行っている。

　毎月100件以上の相談対応を行う中、年金・社会保険に関する知識不足から損をしている人が多いことに驚く。「もっと早くに知っていたら」と後悔する人を一人でも減らすため、情報提供を行っている。「収益の向上に役立っています」等、喜びの声多数。

　著書に、『社長の年金　よくある勘違いから学ぶ在職老齢年金』（日本法令）、『[社長の裏技]年金をもらって会社にお金を残す』（ぱる出版）、『60歳からの働き方で、もらえる年金がこんなに変わる』『社長、あなたの年金、大損してますよ！』（WAVE出版）、『現役社長・役員の年金』（経営書院）などがある。

　2018年4月から「保険毎日新聞」にて経営者の年金について連載執筆中。

　著者ホームページ：https://www.syakaihoken.jp/

　本書で解説した「個人事業＋ミニマム法人」化や、年金・医療保険、退職金・老後資金積立などに関するお役立ち情報や法改正情報をメールマガジンでお伝えします。
　ご登録はこちら　https://www.syakaihoken.jp/202008

個人事業主・フリーランスの

年金不安をなくす本

2020年11月2日　初版第1刷発行

著　者／奥野　文夫
発行者／伊藤　滋
印刷所／大日本印刷株式会社
製本所／新風製本株式会社
発行所／株式会社自由国民社
　　　　〒171-0033　東京都豊島区高田3-10-11
　　　　営業部　TEL 03-6233-0781／FAX 03-6233-0780
　　　　編集部　TEL 03-6233-0786／FAX 03-6233-0790
　　　　URL https://www.jiyu.co.jp/

■装幀・吉村朋子／本文DTP・㈲中央制作社